宝岛台湾

台湾文化特色与形态

肖东发 主编　周丽霞 编著

中国出版集团

现代出版社

图书在版编目（CIP）数据

宝岛台湾：台湾文化特色与形态 / 周丽霞编著. —
北京：现代出版社，2014.5（2019.1重印）
ISBN 978-7-5143-2387-0

Ⅰ. ①宝… Ⅱ. ①周… Ⅲ. ①地方文化－研究－台湾
省 Ⅳ. ①G127.58

中国版本图书馆CIP数据核字(2014)第085175号

宝岛台湾：台湾文化特色与形态

主　　编：肖东发
作　　者：周丽霞
责任编辑：王敬一
出版发行：现代出版社
通信地址：北京市定安门外安华里504号
邮政编码：100011
电　　话：010-64267325 64245264（传真）
网　　址：www.1980xd.com
电子邮箱：xiandai@cnpitc.com.cn
印　　刷：三河市华晨印务有限公司
开　　本：710mm×1000mm　1/16
印　　张：10
版　　次：2015年4月第1版　2021年3月第4次印刷
书　　号：ISBN 978-7-5143-2387-0
定　　价：29.80元

党的十八大报告指出："文化是民族的血脉，是人民的精神家园。全面建成小康社会，实现中华民族伟大复兴，必须推动社会主义文化大发展大繁荣，兴起社会主义文化建设新高潮，提高国家文化软实力，发挥文化引领风尚、教育人民、服务社会、推动发展的作用。"

我国经过改革开放的历程，推进了民族振兴、国家富强、人民幸福的中国梦，推进了伟大复兴的历史进程。文化是立国之根，实现中国梦也是我国文化实现伟大复兴的过程，并最终体现为文化的发展繁荣。习近平指出，博大精深的中国优秀传统文化是我们在世界文化激荡中站稳脚跟的根基。中华文化源远流长，积淀着中华民族最深层的精神追求，代表着中华民族独特的精神标识，为中华民族生生不息、发展壮大提供了丰厚滋养。我们要认识中华文化的独特创造、价值理念、鲜明特色，增强文化自信和价值自信。

如今，我们正处在改革开放攻坚和经济发展的转型时期，面对世界各国形形色色的文化现象，面对各种眼花缭乱的现代传媒，我们要坚持文化自信，古为今用、洋为中用、推陈出新，有鉴别地加以对待，有扬弃地予以继承，传承和升华中华优秀传统文化，发展中国特色社会主义文化，增强国家文化软实力。

浩浩历史长河，熊熊文明薪火，中华文化源远流长，滚滚黄河、滔滔长江，是最直接的源头，这两大文化浪涛经过千百年冲刷洗礼和不断交流、融合以及沉淀，最终形成了求同存异、兼收并蓄的辉煌灿烂的中华文明，也是世界上唯一绵延不绝而从没中断的古老文化，并始终充满了生机与活力。

中华文化曾是东方文化摇篮，也是推动世界文明不断前行的动力之一。早在500年前，中华文化的四大发明催生了欧洲文艺复兴运动和地理大发现。中国四大发明先后传到西方，对于促进西方工业社会的形成和发展，曾起到了重要作用。

　　中华文化的力量，已经深深熔铸到我们的生命力、创造力和凝聚力中，是我们民族的基因。中华民族的精神，也已深深植根于绵延数千年的优秀文化传统之中，是我们的精神家园。

　　总之，中华文化博大精深，是中国各族人民五千年来创造、传承下来的物质文明和精神文明的总和，其内容包罗万象，浩若星汉，具有很强的文化纵深，蕴含丰富宝藏。我们要实现中华文化伟大复兴，首先要站在传统文化前沿，薪火相传，一脉相承，弘扬和发展五千年来优秀的、光明的、先进的、科学的、文明的和自豪的文化现象，融合古今中外一切文化精华，构建具有中国特色的现代民族文化，向世界和未来展示中华民族的文化力量、文化价值、文化形态与文化风采。

　　为此，在有关专家指导下，我们收集整理了大量古今资料和最新研究成果，特别编撰了本套大型书系。主要包括独具特色的语言文字、浩如烟海的文化典籍、名扬世界的科技工艺、异彩纷呈的文学艺术、充满智慧的中国哲学、完备而深刻的伦理道德、古风古韵的建筑遗存、深具内涵的自然名胜、悠久传承的历史文明，还有各具特色又相互交融的地域文化和民族文化等，充分显示了中华民族的厚重文化底蕴和强大民族凝聚力，具有极强的系统性、广博性和规模性。

　　本套书系的特点是全景展现，纵横捭阖，内容采取讲故事的方式进行叙述，语言通俗，明白晓畅，图文并茂，形象直观，古风古韵，格调高雅，具有很强的可读性、欣赏性、知识性和延伸性，能够让广大读者全面接触和感受中国文化的丰富内涵，增强中华儿女民族自尊心和文化自豪感，并能很好继承和弘扬中国文化，创造未来中国特色的先进民族文化。

2014年4月18日

文化之源——文明开化

文化传承——开发宝岛

文化嬗变——精湛工艺

辉煌绽放——宝岛风韵

文明开化

由于我国台湾地理位置的特殊性，多种族群组成以及不同时代背景而有多面向的呈现，以台湾为文化主体范畴逐渐确立，同时兼具有最早的南岛文化。

台湾文化是混合儒家汉族、本地和台湾原住民所形成的文化，具有传统与现代的面向。从远古时期，就有最早开发台湾的左镇人、旧石器时代的长滨文化与新石器时代的大坌坑文化、圆山文化以及金属器时代之后的十三行文化、番仔园文化、茑松文化、龟山文化等。

开发台湾第一人左镇人

台湾"左镇人"是指在我国宝岛台湾省台南县左镇乡菜寮溪溪谷发现的9件灰红色的古人类化石，其中有7件是头骨残片，另外2件是大臼齿。每件化石都代表单一的个体，分属于距今3万年的古代人类。

"左镇人"是最早开发宝岛台湾的先驱，他们的出现，把台湾原始社会的历史在"长滨文化"的基础上，向远古推溯了2万年。左镇人揭开了台湾人类历史的第一页。

■台湾美丽景色

左镇乡位于台湾省台南县东南方，北临玉井乡、山上乡，东邻南化乡，西邻新化镇，南接龙崎乡、高雄县内门乡。

左镇乡地处山区，虽地势不高，地形却是高低起伏，形成半面山、断崖、曲流、深谷等特殊地景，缺乏大而平坦的腹地，气候上则属热带季风气候。

在菜寮溪河床发现的左镇人化石总共有9件，其中的3件，一件长约21.6厘米，宽12.7厘米，经测算，是3万年前一位约20岁的男性青年的顶骨；一件是具有强壮颞肌的成年人左顶骨残片；另一件是一个成年人的右顶骨残片。这3个人都是属于同一群及同一时代的人类。

■ 台湾公园内的化石

至于两件臼齿的齿冠，比现代人的要大一点，从臼齿化石的情形来看，可能是3万年前至2万年前的人类，分别属于一男一女的遗骨。

就生存年代而言，左镇人与"山顶洞人"大致相当，属于旧石器时代晚期的现代人智人种。只是在山顶洞人的居地北京周口店龙骨山，还伴存有大量旧石器时代末期的器物，如石珠、赤铁矿粉、制作精细的骨针等，它们标示了华北山顶洞人在我国历史上的划时代地位。而伴存于左镇人的仅仅是一些毫无文化显示的更新世哺乳动物的化石。

左镇人从何而来？在古老的高山族民间传说中，

山顶洞人 我国华北地区旧石器时代晚期的人类化石，属于晚期智人，因其发现于北京市周口店龙骨山北京人遗址顶部的山顶洞而得名。与人类化石一起发现的还有石器、骨角器和穿孔饰物，并发现了我国所知最早的埋葬。地质时代为晚更新世末，距今约3万年。

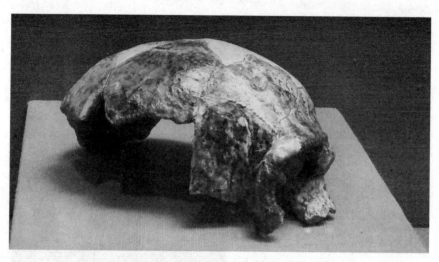

■ 古人类的头盖骨
化石

高山族 我国少
数民族之一，主
要居住在我国台
湾省，也有少数
散居在大陆福
建、浙江等沿海
地区。高山族有
自己的语言，但
没有本民族文
字，散居于大陆
的高山族则通用
汉语言。居住在
台湾的高山族同
胞有自己独特的
文化艺术，他们
口头文学很丰
富，有神话、传
说和民歌等。

屡屡有将台湾诸山作为本民族发祥地的故事。高山族
群中的卑南人的民间传说尤其美丽和动人。

其《社族祖先的传说》讲道：一位女神奴奴拉敖
右手持一石头，投石于地，石头裂开，生一男神；左
手拿竹，竹插于地，地裂开，生一女神。此二神皆为
卑南族祖先……

但是，由于年代久远和生产力水平的限制，古
老、纯朴的高山族人民尽管充分发挥了想象力，也无
法突破自己世代生存的狭小天地并溯及到本民族真正
的源头。

根据生物进化论的观点，由氨基酸进化到高级生
物要几十亿年的漫长过程。台湾山脉的最后形成，不
过是近二三百万年的事情，根本不可能凭本身产生人
类。显然，台湾最早的开发者是左镇人，而左镇人是
从祖国大陆迁徙过去的。

1.5万年前，海平面低于后世130米，3万年前则
应更低一些。台湾海峡平均深度80米，那时当在海平

面之上。因此，左镇人可以很顺利地由大陆经过长途跋涉走过这块低洼的陆地进入台湾。

另外，在福建的清流、漳州和东山等地发现的古人类化石，时间虽比左镇人晚，但从牙齿结构和体质形态上看，也属于同一起源。

古地理学研究证明，旧石器时代台湾岛和祖国大陆是连成一片的，"左镇人"是从祖国大陆东南经过长途跋涉，先到达台湾西部，再向南迁移到一处青山环绕和溪水明澈的地方，这就是后来的左镇。他们就在这里定居下来了。

台湾最早的人类来自祖国大陆，他们带去了华南的原始文化。可是当时尚未发明水上交通工具，而在海峡中南部横亘着一条浅滩带，由台湾浅滩、南澎湖浅滩、北澎湖浅滩和台西浅滩组成，称为"东山陆桥"，一般水深不超过40米。原始人类就是通过"东山陆桥"去到台湾的。

首先，地球史证明海平面存在升降交替的状况。地球有冰期与间冰期频繁交替出现的演变规律，相对应的是冷暖气候的交替变化。冰期到来，气候变冷，海平面下降；间冰期到来，气温回升，海平面也上升。在台湾最高的玉山一带发现的贝类与鱼类的化石，说明间冰期时这里曾是一片汪洋。

清流 位于我国福建省西部。古属黄连峒。周代、春秋末为闽越地。秦代属闽中郡。1098年，宋代提刑王祖道巡视郡县宁化麻仓里清流驿小憩，爱其山明水秀，认为宁化地界广远，难于管理，呈文上奏划宁化6团里、长汀2团里置清流县，以"溪流回环清澈"故名。

■旧石器时代遗留的古化石

其次，台湾海峡水较浅，海平面只要下降40米，浅滩带就能露出海面。现台湾海峡水深均小于100米，有四分之三海域水深小于60米。以现实海平面为准，结合全球性冰川活动和气候波动研究，冰期以来台湾海峡海平面有3次下降幅度可能超过40米，说明东山陆桥的存在。

另外，左镇人很可能是"山顶洞人"的一支。尽管周口店龙骨山距离台湾十分遥远，但是，由于生活习性和索取食物的方式所致，古人类是非常擅长奔走的。山顶洞人遗存中的海蚶壳，说明当时他们的活动范围已远及海边，并且极富开拓精神。

这些都说明了，至迟在距今两三万年以前，台湾岛上就已经开始有人类居住了。"左镇人"是西部"长滨文化"的主人。长滨文化是台湾旧石器时代晚期的代表性文化，因此，左镇人可能也是使用石片、砾石器和骨角器、以渔猎维生的旧石器时代人类。

阅读链接

1970年夏季，台湾当地居民在台南县左镇乡菜寮溪溪谷采到一件灰红色的古人类化石。

1971年初冬，由古生物化石的业余收藏家郭德铃在菜寮溪的臭屈河谷地层找到了另外一件人类化石。

1972年，台湾大学考古人类学系教授宋文薰偕同台湾博物馆工作人员，一起到菜寮溪发掘古生物化石，并顺道参观郭德铃的化石收藏品。在很偶然的机会中，宋文薰发现这些收藏品中有一件疑其为人类头骨的化石。

该件化石由日本学者鹿间时夫带回日本做鉴定，认为这是一件距今3万年至1万年的人类头骨右顶骨残片化石。

1976年，关于这些头骨化石的报告正式在《日本人类学会期刊》上发表，由于该批化石都是在左镇附近找到的，于是将这些化石的主人定名为"左镇人"。

新旧石器文化荟萃宝岛

旧石器时代有台湾东部与恒春半岛的长滨文化与西海岸中北部的网形文化。新石器时代早期有大坌坑文化；中期有北部的圆山文化、芝山岩文化、讯塘埔文化。

中部的牛骂头文化和南部的牛稠子文化以及东部的绳纹红陶文化。晚期有北部的植物园文化，中部的营埔文化，南部的大湖文化、

■台湾恒春半岛

■ 石器

凤鼻头文化。东部的卑南文化、麒麟文化、花冈山文化等。

台湾东部与恒春半岛的台湾第一个旧石器文化长滨文化，发现于台湾省台东县长滨乡八仙洞。八仙洞包括大大小小10多个洞穴，其中的乾元洞、海雷洞、潮音洞出土了石器和骨器。

石器有刮削器、尖状器和砍砸器。骨器有长尖器、骨针、骨锥、骨铲等。据研究，长滨文化的居民以洞穴为家，过狩猎、捕捞和采集生活。

长滨文化的石制品以硅质砂岩、橄榄岩、石英岩、石英和玉髓等砾石为原料。以石片石器为主，石核石器较少。有刮削器、尖状器和砍砸器。

刮削器和尖状器多用较小的石英石片制成；砍砸器是将砾石从一面或两面加工而成，比较粗糙，有修整和使用痕迹。骨角器较丰富，共100多件。有长条尖器、一端带骨关节的尖器、有孔骨针、两头尖的骨器和长条凿形器等，此外还有兽骨和木炭。

长滨文化的主人以洞穴为家，过狩猎、捕捞和采集生活。其石器在类型及制作技术上，与我国南方许多旧石器时代的遗址没有多大差别。尤其是砾石砍砸器，与湖北大冶石龙头旧石器地点、广西百色旧石器

刮削器 是石器时代人们用石片制成的一种切割和刮削的工具。因形状不同，可分为长刮器、短刮器和圆刮器等。这种刮削器的用途很多，主要是在分割禽兽的肉时使用，可以用来切割肉、刮掉骨头上的肉。另外也可以用来制作木制品、竹制品，比如刮去树皮制作棍棒，制作箭等。

地点出土的更为接近。

大坌坑文化是台湾最早的新石器时代文化，遗址集中分布在台湾北部淡水河下游沿岸和中南部沿海，东部沿海也有零星分布，其中以台北八里乡大坌坑遗址和高雄林园乡的凤鼻头遗址为典型。

所有的遗址位置大多都是在河口和河岸的低地。原始居民们的生产活动为捕捞鱼类、猎取野兽、采集植物果实和种子等，并从事原始的农耕。该文化遗址主人是大陆南部至东南亚最早从事农耕的居民的一支。

大坌坑遗址中石器不多，遗物以陶器为主。年代约在1万年前至公元前2500年，与华北地区的仰韶文化大致相当。大坌坑文化遗迹在大陆东南和南部沿海也有大量发现。

我国东南沿海在全新世初期有一种以粗糙的绳纹陶器为代表的古代文化，大坌坑文化便是这种文化的一个环节。

圆山文化以台湾北部台北盆地为中心并伸延到北部沿海地区，持续达2000年之久，其主要遗物有：石器、陶器、骨角器、玉器和少数的青铜器。经对圆山贝丘上层和大坌坑上层遗物测定，其流动年代在公元前2560年至公元50年之间。

仰韶文化 黄河中游地区重要的新石器时代文化。因在河南省三门峡市渑池县仰韶村被发现故被命名为仰韶文化，但仰韶文化以陕西华山为中心分布，东起山东，西至甘肃、青海，北到河套内蒙古长城一线，南抵江汉，分布最为密集的地区在陕西关中、陕北一带。

■ 石制农具

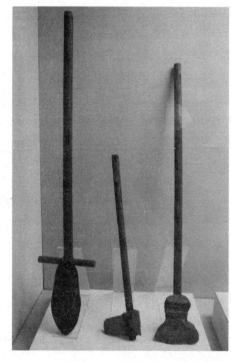

■台湾出土瓷器酱
釉杯

宝岛台湾

台湾文化特色与形态

圆山文化是继大坌坑文化之后，兴起于台北盆地北侧的地方性文化。主要遗址包括台北圆山贝丘遗址上文化层、芝山岩遗址上文化层、关渡遗址下文化层、八里乡大坌坑遗址上文化层、五股乡慈法宫遗址上文化层、中和市尖山遗址，大致分布淡水河两岸及新店溪下游的河岸阶地，并可能沿着基隆河谷分布到基隆港口附近的海岸平原。

圆山贝丘的面积很大，包含极为丰富。这一遗址分上、下两层，下层属于大坌坑文化，上层为圆山文化。

根据年代显示，圆山文化的年代虽然持续时间很长，达2000年以上，但是文化相貌却改变很少。

圆山文化遗址除圆山贝丘上层以外，还兼容大坌坑遗址的上层、台北盆地南缘土城乡的土地公山，另外还有芝山岩、大直、尖山等数十处。它以台北盆地为中心，广布台湾北部。

圆山文化的主要遗物有：石器、陶器、骨角器、玉器和少数的青铜器。

在石器中，有石锛、石斧、石锄、箭头、石网坠等，最具代表性的是有段石锛和有肩石斧。有段石锛的先进性及其与祖国大陆的渊源极深。

有肩石斧亦不例外。它与有段石锛具有异曲同工之妙，是普通石斧的高级形态。据考证这种石器在我

芝山岩 台北市士林大直一带的独立小山丘，当地人也称此山为"圆山仔"。18世纪，大量福建漳州移民移居该山丘附近，因其小山丘风景很像漳州芝山，故以芝山岩为名，除此，一般来说，该地名命名方式与山顶上的芝山岩庙宇也有很大关系。

国福建光泽、浙江杭县、广东陆丰以及海南岛等地均有发现。而且石斧两肩与柄的折角多成直角，与圆山发现的相同。

圆山石斧与华北、辽东等地所发现的形式也极其相似。因此，从其形制和分布范围看，系由大陆传入台湾。圆山文化中的陶器，质料多含细砂，以棕灰为主颜色，有的刷上棕黄色；有印纹，涂红彩；器形以碗和簋为主。据考证，这些陶器，除圈足、涂彩两点外，在台湾无祖型。而与祖国大陆东南沿海出土的黑陶、彩陶、印纹陶却十分相近。

尤其是数量最多的陶簋，在器形上酷似盛行于大陆商周时代的双耳圈足青铜簋，显然系由其脱胎而来。此外，在圆山文化的各处遗址均未发现铸铜的痕迹，但是却有少量的青铜器。共3件，一件表现孔雀头部的青铜器，一件手环残片，还有一件两翼式青铜箭头。

尤其是那箭头，在没有大规模青铜冶炼和可观的铜产量的地方，是绝不可能以青铜制造这种消耗极大、不易回收的一次性工具的。这枚箭头与殷墟大量的青铜镞大小、形状完全相同。

它不仅证实了圆山文化时期台湾与祖国大陆的交往确实存在着，甚至能感觉到这种交往并不局限于沿海各省，它已纵深至广阔的内陆，而且很有可能，那时，高度发达的中原文化触角，

簋　古代盛食物的器具，圆口，双耳。自商代开始出现，延续到战国时期。器物造型形式多样，变化复杂，有圆体、方体，也有上圆下方者。早期的青铜簋跟陶簋一样无耳，后来才出现双耳、三耳或四耳簋。簋常以偶数出现，如四簋与五鼎相配，六簋与七鼎相配。

■台湾出土瓷器

■台湾出土瓷器青花花蓝纹盘

已经直接触及了台湾。

安阳殷墟五号墓的7000多枚海贝残骸的化石，似也暗示着这一事实的存在。

弓、弦、箭已经是很复杂的工具，发明这些工具需要有长期积累的经验和较发达的智力，因而也要同时熟悉其他许多发明。

台湾原始社会以渔猎为主，青铜箭头出现于台湾的进步意义显而易见。在同一遗址发现的大量板岩箭头和骨角箭头，明显带有模仿它的痕迹。

卑南文化位于台东县卑南乡南王庄北侧，发现大量的石棺墓葬群，有上万件遗物，是台湾发现的最大、最完整的史前人类遗址。

卑南遗址中的大量石器，外表都十分光滑细致，棱角突出，比例对称。不论是石刀、石镰、石凿、石锛、石镞或其他石器，制造水平颇高，可谓精琢细磨，是新石器时代最盛期的代表性石器。

陶器有纺锤、陶壶、陶罐、陶杯及大量陶片。此外还有玉环、玉玦、玉簪、管珠等饰物。经测定，该遗址为3000年前的文化遗存。

阅读链接

从出土器物的外形与制造水准分析，卑南文化虽带有若干恒春半岛文化的要素，但已有相当大的进步，与浙江的良渚文化、福建的昙石山文化和江苏的青莲岗文化相近似。

从后世泰雅族使用的编织技艺、阿美族舂米用的石杵与卑南遗址发现的同类器物极为相似这一点来推测，这两个民族可能与卑南文化人有某种联系，但谁为其后裔，一直尚无定论。

台陆的桥梁凤鼻头文化

　　凤鼻头文化分布于我国台湾省中南部海岸与河谷地区，跨越分布在台湾岛西海岸的中南部，自大肚山起向南到台湾岛南端及澎湖列岛。其年代在公元前2500年至公元1600年。其典型代表是高雄县林园乡凤鼻头遗址。

　　凤鼻头文化呈现了台湾西南部史前文化之发展。就类型而言，这

■台湾野柳地质公园

宝岛台湾

台湾文化特色与形态

■ 古代陶器

干栏式建筑 河姆渡文化早期的主要建筑形式。房屋依山而建，背山面水布置，地势低洼潮湿。这种以桩木为基础，其上架设大、小梁承托地板，构成架空的建筑基座，于其上立柱架梁的干栏式木构建筑，是原始巢居的直接继承和发展。

一文化在时间上可分3期：自公元前2500年至公元前1500年左右为第一期，自公元前1500年左右至公元初年为第二期，自公元初年至16世纪汉文化大量传入为第三期。3个时期的文化遗存，都呈现着鲜明的大陆风格。

凤鼻头也称"中坑门"，位于高雄市林园区中门里中坑门聚落北侧，凤山丘陵南端前缘缓坡处，为一处海升后冲积平原所形成的台地，至今约有3500年至2000年的历史。

凤鼻头遗址有新石器时代早期至晚期之大坌坑文化、绳纹红陶文化、夹砂红灰陶文化及凤鼻头文化等不同文化，遗址面积也非常广泛，是台湾地区重要的史前遗址之一。

第一期以细质红陶为主要特征，分布于大肚山至鹅銮鼻台湾西海岸的中南部。代表性的遗址有台中县牛骂头遗址下层、南投县草鞋墩遗址、高雄县凤鼻头遗址的中层、屏东县的垦丁和鹅銮鼻遗址。

在遗址的居住区，发现一处房子的遗迹，长方形，东西向，看上去是干栏式建筑。在台南市的一个遗址里，还发现了粟粒遗迹。

从农具和粟粒看，那时台中、台南的远古居民的生活，已经从以采集渔猎为主，发展到以农耕为主，兼营渔猎。墓葬中已有石板棺，还有精致的陶器作为殉葬品。一些齿骨上有了拔牙的痕迹。

这一带红陶质地细腻，不含粗砂，色泽橙红或深粉红。橙红的多磨光，深粉红的多未经研磨。从制作工艺看，多以泥条或泥环盘结叠筑，外面抹平。

陶器纹饰有绳纹、席纹、刻划纹和附加堆纹，个别陶片上还绘有深红色的勾连形图案或平行线。

陶器的器形主要有碗、盆、壶、瓶、罐、鼎等。这些红陶酷似祖国大陆东南沿海的原始文化遗存。

如果将凤鼻头文化与我国青莲岗文化，特别是较早期的青莲岗和马家浜文化中的红陶陈列在一起，人们会惊异地发现：海峡两岸，原来竟是一群"同胞姐妹"。所不同的，只是来自凤鼻头的一群更"年轻"一些。

第二期以素面和刻纹黑陶为主要特征，广泛分布于台湾中南部各地。代表性的遗址有台中县营埔、南投县大马璘、台南市牛稠子贝丘、高雄县大湖贝丘、桃仔园贝丘以及凤鼻头贝

■绳纹陶斝

鼎是我国青铜文化的代表。鼎在古代被视为立国重器，是国家和权力的象征。鼎本来是古代的烹饪之器，相当于现在的锅，用以炖煮和盛放鱼肉。自从有了禹铸九鼎的传说，鼎就从一般的炊器而发展为传国重器。一般来说鼎有三足的圆鼎和四足的方鼎两类，又可分有盖的和无盖的两种。有一种成组的鼎，形制由大到小，成为一列，称为列鼎。

丘的第三、四层等。

从遗址的分布与遗存看，这种黑陶文化所使用的自然资源要比红陶文化为广：

其一，黑陶文化的遗址不仅分布于海岸和河口的台地，而且伸入了河流的中游地区与高地。

其二，黑陶文化遗址多有贝丘，说明这个时代的住民，对自然资源利用的规模，比上一期有显著扩大。

其三，黑陶文化在岛内各地的变异较大。尽管名之为黑陶，在同一风格之下，却还有红陶、橙黄陶、彩陶、棕陶等各种形制。

这种变异应视为各遗址住民对本区域特殊资源的充分开发和利用所致。黑陶文化的标志性器物是各遗址均有发现的黑皮磨光陶。该陶通体打磨、光泽黑亮、质硬胎薄。最薄的仅两三毫米。显示了较高的制作水平。黑皮磨光陶以轻便和单位容量大而著称。

另外，在制作技术方面，黑陶文化中首次显示了使用慢轮修整的痕迹，这对于台湾是一个不小的进步。

凤鼻头文化第三期以印纹和刻画纹灰黑陶为主要特征，所代表的年代约在公元初年至公元十六七世纪之间，由于年代的晚近和汉文化的大量涌入，这一时期的原始文化遗存大都被近、现代文化的潮水淹没了。

原始陶器

从已发现的陶器看，其特征为：灰、黑几何印纹陶，以方格纹为主。这种陶器不仅与华东青莲岗、福建昙石山出土的几何印纹陶属于同一类型，而且在我国江南地区分布极为广阔。

几何印纹陶的创造者是古越族，越

族第三次大举赴台是公元前110年以后的事情，这一时间与凤鼻头第三期文化的考古年代大致相合。而且很有可能，渡台之后的越人与大陆越人始终保持着经常的联系，这种民族交流必然促进文化的交流。

凤鼻头文化第三期陶器遗存有限，但在上述各遗址中却普遍伴存着铁器和玻璃珠。在北部高山族平埔人世居的处所，甚至还发现了当年采矿铸铁的遗存。这说明台湾平埔人与汉人颇有渊源，受汉文化影响深重。其铸铁技术是由大陆传入无疑。

从凤鼻头文化的发展不难看出，台湾的古文明和祖国大陆东南、华南地区的古文明属于同一文化系统，是光辉灿烂的中华文化中的一部分。

阅读链接

1965年，考古学者张光直曾有计划发掘得知，凤鼻头遗址有大坌坑文化、绳纹红陶文化、夹砂红、灰陶文化等不同文化，遗址面积亦广，为台湾地区重要的史前遗址之一。

1991年，黄士强与刘益昌两位教授针对遗址范围与文化做研究，其所出土的遗物为台湾南部地区较早发现的，并涵盖有新石器时代早期至晚期之大坌坑文化、牛稠子文化凤鼻头型及凤鼻头文化3个文化层，呈现台湾西南部史前文化之发展。

金属器时代文化得到发展

　　台湾进入金属器时代之后，远古文明继续发展，如北部的十三行文化；中部的番仔园文化、崁顶文化、大丘园文化；南部的茑松文化、龟山文化；东部的北叶文化、静浦文化等。

　　由于十三行遗址在台湾史前史中的重要地位，通常将台湾北部地区史前时代晚期文化通称为"十三行文化"。除了十三行遗址之外，位于台北中山的西新庄子遗址，也是十三行文化的代表性遗址之一。

十三行潘趣酒碗

■先民制陶生活场景

　　十三行文化属于北台湾地区的金属器时代，时间大致从2300年前开始，到汉族人进入本地区之后才结束，是台湾史前文化的代表文化之一。

　　十三行文化的主要特征是石器减少，只剩下凹石、石槌等无刃器。从遗址中的铁渣、矿石等矿物，显示当时人已知炼铁。除了石、铁外，还有为数不少的陶器，主要是红褐色夹砂陶，特征是手工制作，含细沙，火候高、质地坚硬。

　　如果以史前文化较宽的定义而言，台湾北部地区拥有赤褐色或浅褐色拍印几何纹硬陶的史前遗址，都属于广义十三行文化的范畴。

　　就此而言，十三行文化的分布地区，在西海岸地区由淡水河沿着海岸向南一直分布到大安溪，向东则沿着北海岸、兰阳平原一直分布到奇莱平原北侧的三栈溪。

　　根据时间、分布区域及文化内涵，十三行文化可以再区分为早、晚两期及7个不同的类型。其中早期年代为距今2000年至1000年之间，包括十三行类型、后龙底类型、番社后类型；晚期年代距今1000年以内，包括坤岛桥类型、新港类型、旧社类型与普洛湾

几何纹　由几何图案组成有规律的纹饰。春秋战国时期，几何纹在其他纹饰衰退后成为主体纹饰。几何纹主要有连珠纹、弦纹、直条纹、横条纹、云雷纹等。盛行于商周，汉代仍沿用。

陶器　是用黏土烧制的器皿。质地比瓷器粗糙，通常呈黄褐色，也有涂上别的颜色或彩色花纹的。新石器时代开始大量出现。陶器的发明是人类文明的重要进程，是人类第一次利用天然物，按照自己的意志创造出来的一种崭新的东西。

■ 古代龟甲

弦纹 古代陶器纹饰。纹样是刻划出单一或若干道平行线条，排列在器物的颈、肩、腹、胫等部位。弦纹广泛应用在新石器时代陶器上，在青铜器上呈现为凸起的横线条。弦纹有细弦纹和粗弦纹两种。细弦纹像一条细长的带子平缚于陶器之上；粗弦纹作宽带状，中间呈凹槽状，犹如板瓦，亦称瓦纹。

类型。

番仔园文化约存在于2000年前到400年前，分布于台湾中部，包括大肚台地、八卦台地与苗栗县南部等地。其名称来自台中市大甲区一带的番仔园遗址。

另外，惠里来遗址共发掘13个探坑，发现遗址中至少有两个文化层的堆积。

根据分析，分别距今约3690年及1320年，属于牛骂头文化及番仔园文化，而且两个文化层均发现许多灰坑、柱洞、兽骨及其他重要资料，推测惠来里遗址在史前时代可能为居住性聚落。

以灰黑印纹陶为代表的番仔园文化层除了兽骨、龟甲及稻米遗存之外，还发现距今约1300年的3具墓葬，一具为未成年男童，另外两具为成人，葬姿为俯身葬，是一种流行于铁器时代的葬姿，大部分没有陪葬品。

茑松遗址位于台南永康乡茑松村境内，为南部茑松文化的代表遗址，是一个贝冢遗址。文化层虽厚，但上下几无变化，仅有一个文化层，年代因石器极少又有铁器的出现，因此推测应该已进入铁器时代，可能起自公元前后，延续至十六七世纪汉族人大量来台之前，为南部地区最晚的一层史前文化。

宝岛台湾
台湾文化特色与形态

莺松遗址的面积约10万平方米，共19坑，所得遗物极为丰富，包括4万余件陶质标本，陶容器占大多数，可分为红色陶和黑色陶，其中又以素面夹砂红陶为主。

另外重要陶质标本还有陶支脚200多件，大量的陶环近3000件以及陶制鸟头状器37件等，石器极少。另外还发现3件铁器残片，数片人骨，9颗人齿及大量的贝壳和兽骨。

龟山文化也是台湾金属器时代文化典型代表，年代约当为距今1500年前。这个文化的代表性典型遗址为位于屏东恒春半岛的龟山遗址。

龟山文化的器类中，除了陶器外，也出现刀、枪头及箭头等铁器、骨角尖器、铜环、玻璃珠，以及贝刮器、贝饰品等遗存。

其中陶容器中又以少量带有特殊形制的纹饰，如以压印、刻画或刺点纹堆叠成的人形纹、弦纹、云雷纹、几何纹与条纹为其典型之特征。

除此之外，这个文化也有相当丰富的生态遗留，其中又以鹿科动物骨头与丰富的贝类遗留最为显著，针对龟山遗址的资料，有利于研究有关海洋适应的课题。

八卦 起源于人文始祖伏羲，表示事物自身变化的阴阳系统。用"—"代表阳，用"――"代表阴，用3个这样的符号，按照大自然的阴阳变化平行组合，组成8种不同形式，叫作八卦。

云雷纹 青铜器上一种典型的纹饰。基本特征是以连续的"回"字形线条所构成。有的作圆形的连续构图，单称为"云纹"；有的作方形的连续构图，单称为"雷纹"。

■原始陶器

古代陶器

龟山文化主要分布于恒春半岛、台湾东部与绿岛地区，除了龟山遗址外，尚见于台东县太麻里乡山棕寮遗址、旧香兰遗址，卑南乡初鹿遗址、绿岛的公馆鼻遗址，而后壁山第一史前遗址也有少量发现，遗址似有呈点状分布的情况。

其中旧香兰遗址同时发现有三和文化与龟山文化的器物，其年代延续时间较长，距今2310年至1340年间，部分龟山式陶器与石刀、骨角器上出现的蛇形纹饰，尤其与排湾族传统陶罐上类似的百步蛇式样，或可作为进一步讨论龟山文化与原住民之间文化传承的重要依据。

阅读链接

台湾史前文化与原住民之间的关系，一直是台湾一个很重要的议题。而茑松文化一般被认为与台湾西南部西拉雅平埔族有关，主要的原因是因为茑松文化的年代据推测可延续至汉族人大量来台以前，与平埔族存在的年代可以相接。

而分布的地区又与西拉雅族的分布地相符，再加上茑松遗址的遗物中有两件代表性的遗物被认为与西拉雅族的信仰有关，一是形制特殊的小陶罐，二是陶制的鸟头形器。

小陶罐体积小、容量有限，且制作精细与鸟头状器皆被认为不具实用价值，推测可能是宗教器具，而西拉雅族正巧有祀壶的信仰，主要是在公廨或住宅内，以壶盛清水加以祭拜，并在公廨屋顶的两端插上木制的假鸟。

茑松遗址的小陶罐与鸟头状器便可能是茑松文化具有祀壶信仰的证据，因此一般认为茑松文化与西拉雅平埔族有关。

开发宝岛

台湾有文字记载的历史可以追溯到230年。当时三国吴王孙权派官兵到达"夷洲"，吴人沈莹的《临海水土志》留下了世界上对台湾最早的记述。

隋唐时期称台湾为"流求"。隋王朝3次出师台湾，汉族人民开始移居澎湖地区。

宋元时期，汉族人在澎湖地区已有相当数量。元、明两朝政府在澎湖设巡检司。明朝后期开拓的规模越来越大。

1661年，郑成功收复台湾，成为一位伟大的民族英雄，受到广大人民的敬仰。

三国及唐宋对宝岛的开发

我国大陆军民东渡台湾，垦拓、经营宝岛台湾，最早可追溯到1700多年前的三国时代。

三国时代，台湾明确称为夷洲。三国时的吴国立国于江南，领域包括会稽及东南滨海地带，和海外的关系极为密切，造船事业与海上交通的发达都超过了前代，所以孙吴政权对于海上经营颇为注意。

据《三国志·吴志·孙权传》记载，230年春，孙权派遣将军卫温、诸葛直，率领甲士万人，渡海去探求夷洲及其他诸洲。由于另外几洲绝远，没法到达，只到了夷洲，经年而还。

这是大陆王朝开始经略台湾的一件大事。又《三国志·吴志·全

三国形势图

■ 孙权 字仲谋，三国时代东吴的建立者。孙权的父亲孙坚和兄长孙策，在东汉末年群雄割据中打下了江东基业。19岁时掌事，成为一方诸侯。孙权称帝后，设置农官，实行屯田，平定山越，设置郡县，促进了江南经济的发展。在此基础上，他又多次派人出海。230年，他派卫温到达夷洲。

琼传》记载，由于上万甲士到达夷洲，而且停留将及一年，自然增加了吴人对夷洲的知识。

沈莹是三国时代吴国丹阳太守，在其268年至280年所著的《临海水土志》中，对于"夷洲"又提供了以下的线索：

夷洲在临海郡东南，去郡两千里。土地无霜雪，草木不死。四面是山，众山夷所居。山顶有越王射的正白，乃是石也。此夷各号为王，分划土地，人民各自别异，人皆髡头，穿耳，女人不穿耳。

作室居，种荆为蕃鄣。土地饶沃，既生五谷，又多鱼肉。舅姑子父，男女卧息共一大床。……能作细布，亦作斑纹。布刻画，其内有文章，好以为饰也。……

6世纪末至7世纪初的隋代，隋炀帝杨广曾3次派人到台湾，"访察异俗"，"慰抚"当地居民。

1300多年前，隋炀帝曾先后数次派遣官兵渡海到达台湾。隋代称台湾为"流求"。关于台湾和大陆这

隋炀帝 杨广，是隋朝的第二个皇帝。隋文帝杨坚、独孤皇后的次子，581年，他被立为晋王，600年立为太子，604年继位。他在位期间修建大运河，营建东都洛阳城，开创科举制度，亲征吐谷浑，三征高句丽，因为滥用民力，造成天下大乱，直接导致了隋朝的灭亡。《全隋诗》录存其诗40多首。

台湾文化特色与形态

时期的往来，可以从《隋书》的文献上得到证实。

隋炀帝是一位有志于海上远略的君王，他即位之初的607年，有一位海师何蛮就说东方海中有烟雾依稀的所在，于是隋炀帝命羽骑尉朱宽偕同何蛮入海求访，结果就到达了流求，即台湾。

《隋书·流求传》这样记载此事：

> 大业元年，海师何蛮等言，每春秋二时，天清风静，东望依稀，似有烟雾之气，亦不知几千里。三年，炀帝命羽骑尉朱宽入海，求访异俗。何蛮言之，遂与蛮俱往，因到流求国。

这一次因言语不通，只是带着一名当地人而返。炀帝深感不满，于是第二年再令朱宽前去慰抚，仍无

流求 台湾岛旧名。我国人民早期开发台湾时间可以上溯到1000多年以前。公元3世纪和7世纪，三国孙吴政权和隋朝政府都先后派万余人去台。进入17世纪以后，我国人民在台湾的开拓规模越来越大。清光绪十九年时，总数已达到50.7万余人。他们带去先进的生产方式，大大加速了台湾整体开发的进程。台湾社会发展始终延续着中华文化的传统。

■隋炀帝铜雕壁画

所成，仅取回了流求人的布甲。

两次和平招降不成，隋炀帝下令武贲郎将陈棱为统帅，朝请大夫张镇州为他的副手，再次入流求。

610年，陈棱和张镇周率万余人自义安即广东潮州出发，可能是因风势不顺，或者是航程有误，一个多月才到了高华屿，即澎湖群岛中的花屿，又航行3日，才到流求。

■台湾原住居民服饰

远征军到达的地点可能是鹿港，首先接触的为台湾的平埔番。此次进军，吸取上次语言不通的教训，募有昆仑人担任翻译。平埔番人初见船舰，以为是商旅，相继前来贸易。经昆仑人宣布来意，令其降服，酋长拒绝，于是陈棱决定诉之武力。

在击败了流求首领欢斯渴刺兜和欢斯老模后带着数千名当地人回到大陆。关于这次远征情况，《隋书·陈棱传》和《隋书·流求国》有记载。

从这段史料中可以看出，在当时已有大陆商人在那里通商，所以当地居民见到船舰才习以为常，这说明那时大陆人民早已经常和台湾有贸易往来。

另外，这次远征也提供了进一步了解台湾状况的机会，为《隋书·流求传》提供了更多的材料，也为大陆对台湾的了解增添了新的内容。

同时，隋朝时我国关于台湾的知识则较三国时代

大夫　古代官名。西周以及先秦诸侯国中，在国君之下有卿、大夫、士3级。大夫世袭，有封地。后世遂以大夫为任官要职之称。秦汉以后，中央要职有御史大夫，备顾问者有谏大夫、中大夫、光禄大夫等。至唐宋尚有御史大夫及谏议大夫之官，明清时废。又隋唐以后以大夫为高级官阶之称号。

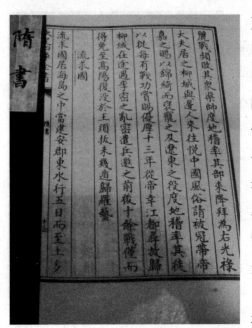

■《隋书》

更进一步。所以《隋书·流求国》关于台湾番族的人物、姓氏、政治组织、居处建筑、战阵攻斗、武器用具、男女服饰、性情相貌、风俗习惯、文化礼仪、赋税刑罚、起居饮食、宴会歌舞、婚丧嫁娶、树木鸟兽、垦殖农作、宗教信仰等有长约千字的描写叙述，均与实际的情况相符。

隋炀帝远征台湾时期，当地的原住民还停留在原始社会生活阶段。根据《隋书·流求国》所记载，那时台湾原住民的社会生活状况是这样的：

他们从事渔猎和较原始的农业生产，其耕作方式虽"先以火烧，而引水灌"，懂得用烧荒草来肥田和引沟渠灌溉的方法来增加生产，但其所用的农具较原始，是"以石为刃，长尺余，阔数寸，而垦之"。所种的农作物以"稻、粱、黍、麻、豆、赤豆、胡豆、黑豆等"为主。

同时，他们虽"多猪鸡"，但"无牛、羊、驴、马"，还不知利用畜力来耕作，但已知驯养猪、鸡等动物为家畜，而且"于木槽中曝海水为盐，木汁为醋，酿米面为酒"，已知将农产品加工，出现了家庭手工业。

台湾当时社会还停留在部落时代，文化较低，没

部落 一般指原始社会民众由若干血缘相近的宗族、氏族结合而成的集体。形成于旧石器时代的中期和晚期。有较明确的地域、名称、方言、宗教信仰和习俗，有以民族酋长和军事首领组成的部落议事会，部分部落还设最高首领。

有文字，只是"望月盈亏以纪时节，候草荣枯以为年岁"。其社会组织是以村为单位，"村有鸟了帅，以善战者为之，自相树立，理一村之事"。

而且几个村组成"洞"，所谓"洞"，就是部落，"洞有小王"，"诸洞各自为部队，不相救助"。统率诸洞者称为王，王所居住的地方，"堑栅三重，环以流水，树棘为藩，其大一十六间，雕刻禽兽"。

由于这时没有朝廷，所以"无赋税，有事均税，用刑无常准，皆临时科决"。当时所用的武器"有刀、箭、剑、铍之属。其处少铁，刃皆薄小，多以骨角辅助之。编苎为甲，或用熊豹皮"。

关于部落战争，"国人好相攻击，人皆骁健善走，难死而耐创"。对于战死的人，重视骷髅，"王之所居，壁下多聚骷髅以为佳，人间门户上必安兽头骨角"，"或悬骷髅于树上，以箭射之"。

当时台湾原住民服饰为"织斗缕皮并杂色苎及杂

箭 又名矢，一种借助于弓、弩，靠机械力发射的具有锋刃的远射兵器。因其弹射方法不同，分为弓箭、弩箭和捧箭。箭的历史是伴随着弓的产生，远在石器时代箭就作为人们狩猎的工具。传说黄帝战蚩尤于涿鹿，纯用弓矢以制胜，这是有弓矢之最早者。

■ 农业耕种模型

■台湾原住居民木雕

色毛以为衣，制裁不一。缀毛垂螺为饰，杂色相间，下垂小贝，其声如佩"。在体饰方面，"男子拔去髭鬓，身上有毛之处亦皆除去；妇人以墨黥手，为虫蛇之文"。

从以上记载可以清楚地看出，7世纪初的台湾社会经济面貌与3世纪时期相比，并没有发生重大的变化。但是，这两次行动毕竟提供了进一步了解台湾情况的机会，为台湾以后的开发提供了契机。

此后由唐到宋的600年间，大陆沿海人们，特别是福建泉州、漳州一带居民，为了躲避战乱，纷纷流入澎湖或迁至台湾，从事垦拓。至南宋时，澎湖划归福建泉州晋江县管辖，并派有军民屯戍。大陆和台湾之间在经济、政治、文化等方面的联系日渐频繁。

阅读链接

虽然沈莹所著《临海水土志》记载了台湾早期的情况，但是，沈莹所著该书，本是已散佚不全，只因为在宋代的《太平御览》卷780《东夷传》引用其一部分，所以才流传下来。

尽管在后来的千年中，朝代更迭，皇者变换，但是台湾归属从来没有改变过。1335年，元朝正式在澎湖设立"巡检司"，这是中央政府派驻台澎地区的第一个行政执法机构。自此以后，中央王朝开始派员管理台澎地区。

郑成功战胜荷军收复台湾

郑成功，初名森，字大木，明末南安人。1661年，郑成功在金门料罗湾誓师东进收复台湾。经过近一年的争夺，荷兰侵略军被迫投降，被侵占达38年之久的台湾终于重归祖国怀抱。

1624年，郑成功出生于日本。6岁之前跟随母亲住在平户，直到父亲郑芝龙受明廷任官之后，才被接回泉州府安平居住读书。

1638年，郑成功考中秀才，又经考试成为南安县20位"廪膳生"之一。1644年，进入南京国子监深造，拜在江浙名儒钱谦益门下；钱

郑成功雕像

谦益为了勉励郑成功，于是替他起了"大木"的别字。

同年，明朝灭亡。随后，清军入关进驻北京城。明朝遗臣遂于南京拥立福王朱由崧登基，1645年改元"弘光"。弘光政权覆灭后，郑芝龙、郑鸿逵兄弟于福州拥戴唐王朱聿键称帝，改元"隆武"。

隆武政权成立后，郑成功得隆武赏识，封忠孝伯、御营中军都督，赐"国姓"朱、改名"成功"，仪同驸马。于是，人们遂称郑成功为"国姓爷"。

自1624年起，荷兰殖民主义者侵占了我国台湾，已经几十年了。1661年，郑成功越来越感到，收复台湾已不容踌躇，于是召集文武官员，讨论进军台湾问题。他认为：

> 欲国家富强，不可置海洋于不顾。财富取之海，危险亦
> 来自海上……一旦他国之君夺得南洋，华夏危矣！

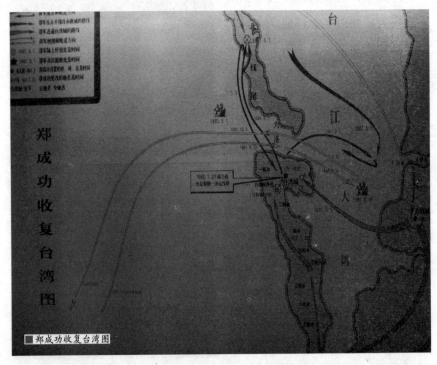

郑成功收复台湾图

郑成功收复台湾图

1661年，郑成功率领众将士在金门"祭天""礼地""祭江"，举行隆重的誓师仪式。一切准备就绪，船舰将士集结于料罗湾，候风进发。

郑成功亲自率领第一梯队自金门料罗湾出洋，向东挺进。船队冒着暴风雨横渡海峡，航行到鹿耳门港外。郑成功先换乘小船，由鹿耳门登上北线尾，勘察地形，并派出精良的潜水健儿进入台江内海，侦查荷军情况。

荷军的据点台湾城、赤嵌城位于台南。这里海岸曲折，两城之间有一个内港，叫作台江。荷兰人修筑的城堡台湾城在台江西侧，赤嵌城在台江的东侧，互为犄角。

■郑成功收复台湾

从外海进入台江有两条航路：一条是大员港南航道，口宽水深，船容易驶入，但港口有敌舰防守，陆上有重炮瞰制；一条是北航道，在北线尾与鹿耳门屿的"鹿耳门航道"，水浅道窄，只能通过小舟，大船必须在涨潮时才能通过。

郑成功选择在鹿耳门港突入，是掌握了该地每月初一、十六两日大潮时，水位要比平时高五六尺，大小船只均可驶入。四月初一中午，鹿耳门海潮果然大涨，郑成功命令众将士按图迂回而进。

郑军大小战舰顺利通过鹿耳门后，立即兵分两

033

文化传承

开发宝岛

金门 旧名"浯州""仙洲"。唐朝时为牧马监地，五代时编入泉州属邑。由于孤悬海中，每为海盗倭寇肆虐之所，直到明太祖洪武年间，始于岛上构筑城池以防御倭寇侵扰，依其形势"固若金汤，雄镇海门"而取名为"金门城"，从此乃以"金门"为名。

■郑成功纪念馆内的士兵蜡像

路：一路登上北线尾，一路驶入台江，准备在禾寮港登陆。

台湾城上的荷军始料未及，忙用大炮拦截，但郑成功却躲开了火力，船队从鹿耳门驶入台江，在大炮射程之外。荷兰侵略者面对浩浩荡荡的郑军船队，以为神兵天降，顿时束手无策。

郑军船队鱼贯而入，切断了台湾城与赤嵌城荷军的联系，迅速于禾寮港登陆，并立即在台江沿岸建立起滩头阵地，准备从侧背进攻赤嵌城。在北线尾登陆的一支郑军则驻扎于鹿耳门，以牵制荷军兵船。

台湾的汉族和高山族人民见祖国大军到达，争先恐后地出来迎接他们，用货车和其他工具帮助他们登陆。郑成功的登陆行动得到我国台湾居民中2.5万名壮士的帮助，军队胜利在赤嵌城登陆，包围了赤嵌城荷军，成功割断了赤嵌城与台湾城之间的联系。

当时，坐镇赤嵌城的荷军司令官描难实叮属下兵力约400人。龟缩在台湾城中的荷兰侵略军长官揆一妄图凭借其船坚炮利和城堡坚固，向郑军实施反扑。

四月初三，在北路发生了北线尾陆战。荷军贝德尔上尉趁郑军刚刚登陆，率领240名士兵，乘船沿台江岸边急驶北线尾，上岸后即分两路向郑军反扑。

郑成功手下大将陈泽率大部兵力从正面迎击，另派一部分兵力迂回到敌军后侧，夹击荷军。贝德尔发现自己腹背受敌，手足无措。荷军这时则完全吓破了胆，落荒而逃。郑军乘胜猛攻，将荷军一举而歼。

与此同时，南路增援赤嵌城的荷军，也被郑军战败，阿尔多普率残部逃回台湾城。描难实叮派人前往台湾城，要求揆一再派百余人救援赤嵌城。荷兰评议会研究后，拒绝了救援请求。

荷兰海军以仅有的两艘战舰和两艘小艇阻击郑军。荷军战舰船体很大，设备先进。郑成功以60艘大型帆船包围荷兰战舰，荷舰"赫克托号"首先开炮，

■ 郑成功纪念馆内的战船模型

上尉 一些国家军队中尉级最高级别军官的军衔称号。上尉一词来源于拉丁文"首领"，是一个非常古老的军事术语。以后，上尉逐渐演变为担任连长职务者的军衔称号。世界各国的军衔体系中，都设有上尉军衔。

035

文化传承

开发宝岛

宝岛台湾

台湾文化特色与形态

■郑成功用过的印信

其他战舰也跟着开火，郑军水师在镇将陈广和陈冲的指挥下，个个奋勇争先。经过激烈战斗，庞大的"赫克托号"被击沉，其他战舰企图逃跑，又被郑军舰船紧紧包围。

郑军用五六只大帆船尾追"格拉弗兰号"和"白鹭号"，展开接舷战、肉搏战。英勇的郑军士兵冒着敌人的炮火爬上"格拉弗兰号"，砍断船靠，又用铁链扣住敌舰船头斜桅，放火焚烧。荷兰海、陆作战均告失败，赤嵌城和台湾城已成为两座孤立的城堡。郑成功随即加紧对赤嵌城的包围。

郑军的士兵在赤嵌城外抓到了描难实叮的弟弟和弟媳。郑成功对他们讲明利害，令其回城，劝说描难实叮投降。接着，又派部将杨朝栋和翻译吴迈、李仲前往劝降，表示绝对不会加害他们，并允许荷兰人带走自己的财产。

四月初四，赤嵌城的水源被台湾人民切断。描难实叮见援兵无望，孤城难守，不得不挂白旗投降。这样，郑成功在登陆后第四天，就收复了赤嵌城。

描难实叮投降后，奉郑成功之命前往台湾城劝揆一无条件投降，遭到揆一拒绝。郑成功与诸将分析形势，认为不给侵略者以迎头痛击，敌人是不肯投降

镇将 源于北魏时期，在北方边区设置6个军镇，为沃野镇、怀朔镇、武川镇、抚冥镇、柔玄镇、怀荒镇。各镇统辖军民者称"镇将"，又有副将等。唐代于边防要地亦设镇，分上镇、中镇、下镇3等，各设镇将、镇副录事、参军等。

的，于是立刻下令进攻台湾城。

台湾城是荷兰殖民者在台湾的统治中心，城堡坚固，防御设施完备。但是，赤嵌城被郑军占领之后，台湾孤城缺粮、缺水，荷军处境十分困难；加之当时南信风季节刚刚开始，要等待6个月进入北信风季节后，才能将台湾的有关情况告知荷兰东印度公司巴达维亚，然后再等6个月才能取得巴达维亚的援助，防守更加困难。

自四月初以来，郑成功一方面积极准备攻城，一方面于四月十二和二十二，两次写信给揆一，令其投降。又调集28门大炮，于二十四日凌晨摧毁了台湾城大部分胸墙。

郑成功鉴于台湾城城池坚固，强攻一时难以得手，为了减少伤亡，进一步做好准备，决定采取"围困俟其自降"的方针。

他一方面派遣提督马信率兵扎营台湾街围困荷军，一方面把各镇兵力分驻各地屯垦。

信风 在赤道两边的低层大气中，北半球吹东北风，南半球吹东南风，这种风的方向很少改变，它们年年如此，稳定出现，很讲信用，因此称为"信风"。我国古代文献中有"信风"这个词，指的是"随时令变化，定期定向而来的风，即季候风"。

■ 郑成功的蜡像

同时，郑成功还到高山族人聚居的新港、目加溜湾、肖垅、麻豆"四大社"进行巡视，受到当地人民的热烈欢迎。

五月初二，郑军第二梯队6000人在黄安等将领的率领下，乘船20艘抵达台湾。从五月初五开始，在所有通向城堡的街道上都筑起防栅，并挖了一条很宽的壕沟，围困荷军。郑成功又3次写信劝揆一投降。但是，揆一仍幻想巴达维亚会派兵增援，拒绝投降。

五月二十八，荷兰当局得到荷军在赤嵌城战败和台湾城被围的消息后，匆忙从巴达维亚调遣援军，于七月十八到达台湾海面。

他们见郑军战船阵容雄壮，踌躇不前，加之风浪很大，在海上停留了将近一个月之后，才有5艘战船在台湾城附近海面碇泊。其中"厄克"号触礁沉没，船上士兵被郑军俘虏。

郑成功从俘房口中得知了荷兰援军兵力情况后，加紧进行围城和打援部署。

七月二十一，驻台湾荷军决定配合增援的舰船和士兵，分水、陆两路向郑军发起进攻。

海上，荷舰企图迂回郑军后侧，焚烧船只，反被郑军包围。郑水军隐蔽岸边，当敌舰闯入埋伏圈后，立即万炮齐发。经过一小时激战，击毁荷舰两艘，俘获小艇3艘，荷军其余舰船逃往巴达维亚。

陆上，荷军的进攻同样遭到失败。

此后，荷军再也不敢轻易与郑军交战。数月间，台湾城的荷军被围，军粮得不到补给，因而士气低落，不愿再战，不少士兵力求活命，陆续向郑军投降。

郑成功从俘虏中了解到荷军的上述情况后，决定把对荷军的封锁战术转为进攻，为此，郑军增建了3座炮台，挖了许多壕沟，以遏制荷军的炮台。

1662年农历一月二十五日清晨，郑成功下令炮轰乌特利支圆堡，两个小时内在该堡南部打开了一个缺口，当天即占领了该堡。郑军居高临下，立即利用此堡改建炮台，向台湾城猛烈轰击。

荷军困守孤城，岌岌可危，揆一在城上督战，看到城防已被突破，手足无措。

■郑成功收复台湾绘画

■郑成功纪念馆内的兵器

　　在这种情况下，郑成功派通事李仲入城劝降。荷兰殖民评议会召开紧急会议，揆一走投无路，只得同意由评议会出面同郑成功谈判。经过会谈，揆一"愿罢兵约降，请乞归国"。

　　1662年二月初六，荷兰驻台湾长官揆一签字投降。荷军交出了所有城堡、武器、物资，包括伤病员在内的约900名荷兰军民，最后由揆一率领，乘船撤离台湾。至此，荷兰侵略者在台湾38年的殖民统治宣告结束，宝岛台湾又回到祖国的怀抱。

阅读链接

　　1684年4月，台湾正式纳入大清帝国版图，隶属福建省，设台湾府，辖台湾县、凤山县与诸罗县。

　　后来，康熙皇帝曾评价说："朱成功明室遗臣，非吾乱臣贼子"，也写下楹联："四镇多二心，两岛屯师，敢向东南争半壁；诸王无寸土，一隅抗志，方知海外有孤忠。"赠与泉州三邑南安郑氏祖坟。

　　郑成功从荷兰殖民者手中收复了台湾，解放了被压迫的同胞，使台湾回到祖国的怀抱，维护了祖国的领土完整，捍卫了中华民族的尊严，沉重地打击了外国侵略者的嚣张气焰，是我国历史上第一次击败外国殖民军。

黄道周族人移居台湾

黄道周，字幼玄，一作幼平或幼元，又字螭若、螭平，号石斋，明末学者、书画家。明代天启二年（1622）进士，深得考官袁可立赏识，历官翰林院修撰、詹事府少詹事。南明隆武时，任吏部兼兵部尚书、武英殿大学士。

1585年，黄道周生于漳浦县铜山所，即今东山县铜陵镇，出生于世家，年少家贫，自幼聪颖好学，5岁就学于铜山崇文书院。

黄道周勤奋苦读，11岁即善文章，14岁游学广东博罗，获誉"闽海才子"，18岁居铜山海中塔屿耕读攻《易》；20岁开始与灵通山结缘，23岁

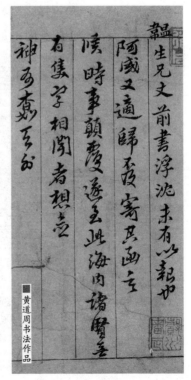

黄道周书法作品

始致力讲学著作，25岁携母迁居漳浦县城，28岁后隐于县城东郊的东皋攻书；38岁时黄道周中进士，与倪元璐、王铎同科。黄道周先后任明天启朝翰林编修、经筵展书官，崇祯朝翰林侍讲学士、经筵展书官。

黄道周感激考官袁可立的赏识，为先师作《节寰袁公传》，记述其一生坎坷多艰的为官历程。

袁可立是明万历年间著名的言官，曾因直言进谏被万历皇帝罢官回籍26年，又是明末著名的主战派将领，对黄道周一生影响很大，后来黄道周为钱龙锡辩冤和反对杨嗣昌议和直谏皇帝二事，都颇有先师袁可立的刚直之风。

黄道周通天文、理数诸书。工书善画，诗文、隶草皆自成一家，先后讲学于浙江大涤、漳浦明诚堂、漳州紫阳、龙溪邺业等书院，培养了大批有学问有气

行书　在楷书的基础上发展起源的，介于楷书和草书之间的一种字体，是为了弥补楷书的书写速度太慢和草书的难于辨认而产生的。"行"是"行走"的意思，因此它不像草书那样潦草，也不像楷书那样端正。实质上它是楷书的草化或草书的楷化。楷法多于草法的叫"行楷"，草法多于楷法的叫"行草"。

宝岛台湾

台湾文化特色与形态

■黄道周楷书作品

节的人才。

黄道周也被视为明代最有创造性的书法家之一。他的书法擅长楷书、行书和草书。他的行书和草书，行笔转折刚劲有力，体势方整，书风雄健奔放。有力量，又有姿态，是黄道周行草书的主调。

黄道周以隶书铺毫和方折行笔，点画多取隶意；字虽长，但强调向右上横势盘绕，让点画变得绵而密，虽略带习气，但奇崛刚劲，形成了自己独特的形式语言，尤显出其人刚直不阿的个性。

如黄道周立轴代表作有行草书《赠蕨仲兄闻警出山诗轴》《闻奴警出山诗轴》等，两作均加大行距，以连绵草书而成，有奋笔直下之势，激情燃纸，振迅耳目，如闻钟声、蹄声于道。

黄道周的楷书主要学习钟繇，比起钟繇的古拙厚重来，更显得清秀、飘逸。

他的楷书，如《孝经卷》《张溥墓志铭》，字体方整近扁，笔法健劲，风格古拙质朴，十分类似钟繇楷法。不同处是，钟书于古拙中显

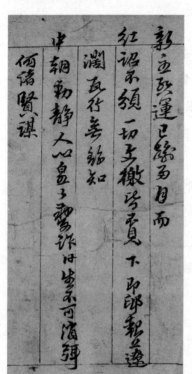

■黄道周行书书法

得浑厚，黄书则见清健，可以看到其受王羲之楷法的影响。

黄道周的行草书，如《五言古诗轴》，大略类其楷书的体势，行笔转折方健，结字欹侧多姿，朴拙的风格同样接近钟繇。他的隶书正具有"清截遒媚"的特点，不如楷书那样古拙清刚。

从黄道周书论中，反映出他对魏晋书法是比较倾心的，尤其对钟繇、索靖等具有古朴书风的书法更为欣赏，而对其当代书法，则并非如此。

黄道周的子孙后裔有许多人于明清时期移居台湾，繁衍子孙。他们的后裔在台湾繁衍，人口逐渐增加。明清时代，政府在台湾、澎湖设澎湖游兵，长戍澎台，3年换防，以防外敌，政府抽调铜山、浯屿等水寨官兵到台澎守卫，黄姓乡亲也都被派去戍卫，如黄象新，澎湖水师协右营游击，戍台有功。

在长达200余年的班兵轮换制度中，铜山约有4万余名官兵分别先后赴台澎戍卫。其中有部分是黄道周后裔族人。清代铜山诗人马兆麟赋诗道：

重洋百里戍台湾，艋舺澎湖递换班；
二百年来人事变，征夫休唱念铜山。

当时世人尊称黄道周为黄圣人、石斋先生，因此在台湾的黄道周后裔族人和家乡一样，尊称黄道周为"黄圣人"，不忘"石斋故里是吾家"，台湾一些黄道周后裔家中挂有黄道周像，以教育子孙后代不忘本源。

据台湾《寺庙志》记载，台湾民众为了纪念黄道周的高尚节义，在郑成功时代，就在台湾建庙奉祀，以供千秋景仰。在台湾有许多民众纪念黄道周的史迹。

在台北艋舺康定路坐落着一座奉祀黄道周的庙宇，名为"晋德宫"，也称"黄府将军庙"。该庙始建于清乾隆年间。据台湾民众传说，系由一黄氏移民由福建奉灵入台，在艋舺竹巷尾，先搭盖一间小庙奉祀。

1683年，施琅将军统一台湾时，民众为避免清政府责罚，故将黄道周庙改为"助顺将军庙"，以作掩护，名为"晋德宫"，并配祀福德正神及谢、范二将军，继续进行奉祀。

1862年，一李姓信徒有感于神灵显应，便筹建庙宇，经过台胞努力，扩大重修庙宇，并增建钟鼓楼，竖碑石，以重信仰。

阅读链接

明亡后，黄道周任南明弘光朝吏部侍郎、礼部尚书，"严冷方刚，不偕流俗"，杨廷麟曾力荐他充讲官兼直经筵。弘光亡后，回福建，至福州。隆武帝封其武英殿大学士兼吏、兵二部尚书。

当时，清廷派使洪承畴劝降，黄道周写下这样一副对联："史笔流芳，虽未成功终可法；洪恩浩荡，不能报国反成仇。"将史可法与洪承畴对比。

洪承畴又羞又愧，上疏请求免道周死刑。但黄道周终绝食而亡。

丘逢甲倾全力抗日保台

清代教书雕像

丘逢甲，字仙根，又字吉甫，号蛰庵、仲阏、华严子，别署海东遗民、南武山人、仓海君。清末诗人和爱国志士，同时也是一位卓越的教育家。

丘逢甲生于台湾苗粟县一个爱国世家，其先祖是从中原南迁的"客家人"，在长期颠沛流离的徙居生活中，他们不得不与险恶的自然环境作斗争，养成了刻苦耐劳的习惯和勇于开拓进取的精神，并且后代子孙牢记一条遗训：所有后代子孙，不论落籍何处，都应勤耕苦读，自立图强。

■清代童子试考场

　　到丘逢甲的曾祖父丘仕俊时，因耕地狭小，无以为生，所以偕同一批客家人又漂洋过海，向台湾迁徙，这大概是清乾隆中叶时期。到丘逢甲这一代，丘家在台湾定居已有四代、近百年的历史了。

　　1864年，丘逢甲就出生在这样一个具有浓厚爱国爱乡思想、生活上则保持清朴风尚的乡村塾师的家庭里，自幼受清朴刚正家风的熏陶和艰苦生活的磨炼，"幼负大志"，渴望报效国家民族。这一切对他日后的事业以及人生道路都产生了积极有益的影响。

　　丘逢甲自幼天资聪颖，读书过目不忘，在其父的亲自教授下，六七岁即能吟诗作对。14岁时赴台南应童子试，获全台第一，受福建巡抚兼学台丁日昌注意，特赠"东宁才子"印一方，由此闻名全台。

　　1888年，丘逢甲参加乡试，中试为举人。第二年春，赴京参加会试，中进士，钦点工部虞衡司主事。

工部 我国封建时代中央官署名，为掌管营造工程事项的机关，六部之一。起源于周代官制中的冬官，汉成帝置尚书5人，其三曰民曹。隋代开皇二年始设立工部，掌管各项工程、工匠、屯田、水利、交通等政令，与吏、户、礼、兵、刑并称六部。

朝廷 我国古代，被诸侯、王国统领等共同拥戴的最高统领者，从而建立的一种统治机构的总称。在这种政治制度下，统领者一般被称为皇帝。朝廷后来指帝王接见大臣和处理政务的地方，也代指帝王。

此时丘逢甲年仅26岁。

但丘逢甲却无意仕途，他辞归故乡，专意养士讲学，任台南崇文书院主讲，同时兼任台湾府衡文书院及嘉义罗山书院主讲。

1892年，《台湾通志》总局正式开设，丘逢甲被聘为采访师，负责采访、补辑乡土故实，因此有较多机会深入民间，了解社会民情。

这时期，整个中华民族正处在深刻的民族危机之中，西方列强的殖民侵略使中华民族面临着生死存亡的威胁，这样的社会现实不能不使丘逢甲感到郁闷和隐忧，他慨叹道："风月有天难补恨，江山无地可埋愁。""孤岛十年民力尽，边疆千里将材难。"

丘逢甲预感到一场大的动荡即将到来，自己虽隐身山林，专心教读，但渴求报效国家之情却炽热而强烈。在他的书屋中，自书中堂"且看鹰翅出云时"，

■ 威海卫战役场景

以明心志，时刻准备报效国家。

1894年，中日甲午战争爆发，丘逢甲预见到台湾前途危难，以"抗倭守土"为号召创办义军，自己带头变卖家产以充军费，并动员亲属入伍。不久，160营义军成立，丘逢甲担任全台义军统领，又称义军大将军。

1895年，中日签订了《马关条约》，激起了全国人民的义愤。丘逢甲悲愤交加，当即刺血上书抗议。此后他多次联合台湾绅士向朝廷发出呼吁，要求废约抗战。

同时，丘逢甲联合一批爱国志士，与日军展开抗战。日本侵略军进攻台湾后，台北、台南和台中的防务分别由唐景崧、刘永福和丘逢甲、林朝栋负责。

唐景崧战败后，基隆失守，不久台北也被日军占领。消息传来，丘逢甲急举义军赴台北增援，途中得知台北已沦陷，气愤至极。

日军沿铁路南侵直达新竹，丘逢甲率义军与日本侵略军血战20余昼夜，进行了大小20多场战斗，给日军以沉重打击，但终因"饷尽弹尽，死伤过重"而无奈撤退。

康有为（1858年—1927年），又名祖诒、字广厦、号长素，清光绪年间进士，官授工部主事。近代著名政治家、思想家、社会改革家、书法家和学者，信奉孔子儒家学说，并致力于将儒家学说改造为可以适应现代社会的国教，曾担任孔教会会长。

当时，许多义军将领同时也是丘逢甲的弟子，如"敢"字营统领姜绍祖、"诚"字营统领丘国霖、"捷"字营统领徐骧、吴汤光等，都英勇献身。

1895年秋，丘逢甲离台内渡，临行前，他感怀国事，一口气写下6首"离台诗"，借以抒发其当时的心境，其中一首写道：

宰相有权能割地，孤臣无力可回天。

扁舟去作鸱夷子，回首河山意黯然。

英雄退步即神仙，火气消除道德编。

我不神仙聊剑侠，仇头斩尽再升天。

■康有为画像

丘逢甲定居镇平后，往来潮、汕、广州之间，一度赴港、澳、南洋等地，曾与康有为、梁启超会晤。后顺应时代潮流，致力于兴办学校，推行新学，培植人才。先后担任两广学务处视学、广东教育总会会长、广东咨议局副议长等。

丘逢甲内渡大陆后，对台湾的思念未曾稍减，他几乎每年都写"怀台诗"，抒发胸中的积愤与眷念，其中有不少传世的名篇。

如写于1895年的《天涯》：

天涯雁断少书还，梦入虚无缥缈间。

兵火余生心易碎，愁人未老鬓先斑。

没蕃亲故沦沧海，归汉郎官遁故山。

已分生离同死别，不堪挥涕说台湾。

写于1896年的《送颂臣之台湾》：

亲友如相问，吾庐榜念台。

全输非定局，已溺有燃灰。

弃地原非策，呼天傥见哀。

十年如未死，卷土定重来。

丘逢甲一生共写过5000余首诗，传世的尚有3000余首，其中"怀台诗"占了相当大的比例。他的诗都是有感而发，情深意切，绝无无病呻吟之弊，故能辗转传抄，广为传诵。

1912年初，丘逢甲扶病南归，随即病故。他临终弥留之际，嘱咐家人："葬须南向，吾不忘台湾也！"

阅读链接

丘逢甲少年得志，却弃官返台从事教育工作；乙未割台时，他首倡独立抗日；内渡大陆后则献身推广新式教育，为国家培养人才。终其一生始终对国家抱有高度的期望，具有强烈的爱国情操。

丘逢甲的诗文曾获得诸多学者高度的评价：钱仲联曾评其《岭云海日楼诗钞》道"七律一种，开满劲弓，吹裂铁笛，真成义军旧将之诗。"

柳亚子谓"时流竟说黄公度，英气终输仓海君，战血台澎心未死，寒笳残角海东云"。梁启超则誉其为"诗界革命一巨子""天下健者"。

连横孤愤著《台湾通史》

连横，字武公，号雅堂，又号剑花，著名的历史学家，先祖连南夫是著名的民族英雄。

连横著有《台湾通史》《台湾语典》《台湾诗乘》《剑花室诗集》，同时也是台湾著名诗人，被誉为"台湾文化第一人"。

1878年，连横出生于福建龙海的一个富商之家，为连南夫第二十四世孙。他自幼受到我国传统文化教育，受父亲连永昌的影响尤其喜爱历史。

连横幼时在家塾发蒙，连氏祖宅地广10亩，庭园之间满植果木花卉；连横12岁那年，其父因家中人

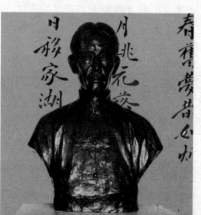

■连南夫 宋政和初年进士，历任中书舍人、徽猷阁侍制，擢显谟阁学士、知建康府、加兵部尚书衔、兼太平洲广德军制置使，知信州、泉州，进宝文阁学士、知广州、迁广东经略安抚使，后隐于龙溪县十一都秀山之麓。1143年卒，谥忠肃，赠左正奉大夫、太子少傅。

口渐多，于是又扩造了台南祖居，又买下左邻一位官宦别业"宜秋山馆"，作为他们兄弟的读书之地。

连横曾这样回忆他幼时的读书环境：

> 地大可五亩，花木幽邃，饶有泉石之胜。余少时读书其中，四时咸宜，于秋为最。宜赏月；宜听雨；宜掬泉；宜伴竹；宜弹琴；宜读书；宜咏诗；无往而不宜也……
>
> 余时虽稚少，除读书养花之外，不知有所谓忧患者，熙熙嗥嗥凡五六年。

在这样幽雅的家园中，连横本可以无忧无虑地成长。然而当时国家灾难深重，复巢之下，安有完卵？外敌袭来，无人可免。连横18岁时，家难国难接踵而来。他的父亲因故乡沦亡悲愤不已，辞别人世。

台南陷落不久，日本政府相中城北环境，要在此地建造法院、宿舍，征购了连家祖屋。于是连氏家族被迫别离了已经聚居200余年的故宅流散四方，连横一家也迁到城西。

1897年，连横已长大成人，不能忍受统治者的横暴，孑然一身来到大陆，进上海圣约翰大学求学。但不久奉到母令要他回台完婚。连横不忍拂逆寡母的意愿，只好返家迎娶。夫人沈璈，出身一位寄籍台南的大陆富商家庭，知书识礼，温顺贤惠，善于持家。夫妻情感甚笃，连横沉浸在婚后的幸福中，一时不再作远游之想。

但是，美满的家庭生活不能抚平连横心中的痛楚。台湾沦丧后，一群不甘俯首做顺民的士人在彷徨苦闷中，经常以诗浇愁，抒发国破家亡之痛和思怀祖国之情。他们结成诗社，互相策勉，彼此唱和，刊行诗集，岛上一时诗风大盛，历40年而不息。

这种现象在台湾历史上是前所未有的，在当时我国各省区也是唯一的。连横新婚不久，便与10位诗友结成台湾岛上成立的第一个诗社"浪吟诗社"。

于是，连横文名日著，1898年，被台南一家报纸聘为汉文部主笔，他利用这一条件，不断地在报纸上发表一些精粹的小文章，介绍台湾各地的山川、古迹、物产、风俗等，唤起人们的乡土之恋。这也是他报人生涯的开始。

连横尽管有了一份安定的、收入不菲的工作，但毕竟是活在异族旗下，于是4年之后的1902年，他再次来到大陆。

不久，连横忽接岳父在台去世的讣告，不得已又回台湾。次年，连横与诗友创立南社。1908年举家迁徙台中，随即加盟台湾报界的另

■玛瑙寺内的连横先生纪念馆

一中心"台湾新闻"。就是从这时起，他开始撰写一生中最重要的一部著作《台湾通史》。

1912年，35岁的连横第四次前往大陆，行前以家事嘱托夫人，做了义无反顾的准备。他取道日本到上海，每日与聚集在那里的悲歌慷慨之士、翰墨词林之客往来，抵掌而谈天下事，纵笔为文，评论当时得失，意气轩昂。

1913年春，连横为参加华侨选举国会议员来到北京。不久周游全国各地。他先出居庸关，入张家口，穿大境门，至阴山之麓而返。然后沿京汉路南下，过邯郸，临广武，登大别山禹王宫，升武昌黄鹤楼。顺流而下，游览沿江各地。

■ 连横纪念馆

入秋后，更渡黄海，历辽沈，观觉罗氏之故墟，寻旧俄之战迹，最后来到吉林，先后任事于当地两家报纸。

连横此次出关，本是为了实现他多年来一直萦绕梦中的"弃儒酬壮志，今日有经童"的理想，但关外的风气同样不能使他振作，很快他就感到"剑气箫心一例消"。

次年春天，连横上书北京清史馆，自请修撰华侨志，不久接到馆长赵尔巽的聘书，再次来到北京。他借机阅读了清室有关台湾的全部档案，这对他编写《台湾通史》带来莫大帮助。

不久，连横便以老母在堂、少妇在室、驰书促归

黄鹤楼 位于湖北武汉武昌长江南岸蛇山峰岭之上，号称"天下江山第一楼"。相传始建于三国，唐时名声始盛，这主要得之于诗人崔颢"昔人已乘黄鹤去，此地空余黄鹤楼"诗句。

为由辞去馆职，于1914年冬回到台湾。

连横倦游归来，再入《台南新报》。次年，慈母见背。不久，移居台北。从此他便专心从事《台湾通史》的撰拟。他呕心沥血，辛劳5年，1918年完成了这部历史巨著。

1920年，《台湾通史》上、中册在台北相继出版。次年，下册也随之付梓。连横以他无比坚强的毅力完成了毕生的宿愿，又及时看到它的刊布，终于有以安慰先人了。他也因此而名声大噪。

《台湾通史》为文言纪传体史书，略仿司马迁《史记》之法，凡36卷，为纪4、志24、传60，共88篇，60余万言。

《台湾通史》"表则附于诸志之末，图则见于各卷之首"，这是作者的创举，完整地记载了台湾从隋炀帝大业元年，也就是605年至清光绪二十一年，也就是1895年，共1290年可以确凿稽考的历史。

《台湾通史》杀青，结束了"台湾三百年无史"的历史，此书一出，全岛风行，督府当局自觉才力难匹，从此再没有出版类似著作。连横的知音章太炎读后叹为"必传之作"。

阅读链接

连横一生著作甚丰，但生前出版的仅两种，《台湾通史》即其一。连横修撰台湾历史的愿望发端于他13岁那年。

当时，其父连永昌有感于山雨欲来，似怀着未雨绸缪之思想，买了一部《台湾府志》送给他，并告诉他："汝为台湾人，不可不知台湾事。"

乙未割台后，连横看到日本统治者为了泯灭台湾人民的民族意识，竭力弃毁台湾的历史文献，有意伪造虚假的历史愚弄当地民众，感于"国可灭而史不可灭"的古训，立下编写一部贯通台湾千年历程的信史的宏志。他网罗旧籍，博采遗闻，旁及西书，参以档案，穷十年之力而终告竣事。

精湛工艺

　　台湾移民以闽籍和粤籍两大族群为主，这些移民与少数民族构成了台湾的主要社群，台湾手工艺便吸收和融合了汉族人和高山族的手工技艺，逐渐发展出具有台湾特色的手工艺形态，兼具平凡的生活美和经久耐用的坚实性。

　　台湾原住民族属于南岛民族，原住民的建筑、工艺都颇有特色，如众多信仰形成的寺庙特色、陶瓷工艺、石刻艺术、文石艺术和极具特色的番刀等。另外，台湾素以风景如画著称，尤其是美丽如仙境的日月潭等，更是台湾文化中典型的代表。

宝岛台湾信仰多寺庙多

　　台湾是一个信仰众多的地区，除了为数近十分之一的基督徒以外，佛教与道教为台湾两大宗教，大部分台湾人同时信仰佛教与道教。这种融合佛、道的民间宗教对社会生活保持着强大的影响力，各地也有各地盛行的神明祭典。这样一来，造成了台湾庙宇众多的现象。台湾寺庙之多，有"三步一小庙，五步一大寺"之说。

■台湾龙山寺

■ 台湾龙山寺寺门

据统计，台湾庙宇数超万座，约2000人就有一座庙，以致曾流传一句话："台湾庙比学校多。"

寺庙多为祈福祝愿之用，寺庙多，某个侧面也正说明台湾人的信仰偏好和表达信仰的习惯。

台湾寺庙建筑多为合院式建筑，供奉的神明也与大陆有所不同。大陆寺庙多是一寺一神明，神像多壮观；而台湾寺庙大多一庙数神，儒、释、道、民间信仰众神并处，却也相安无事，神像则大多小巧玲珑。

龙山寺当属台湾最华丽寺庙，建于清乾隆初年，主要供奉观世音菩萨，并祀奉妈祖、四海龙王、十八罗汉、城隍爷、注生娘娘、华佗、山神、土地公等。

台湾有种说法，"龙山寺是众神的集合所"，意思是，龙山寺供奉众家神佛，数量庞大。各大宗派的神在此云集，信徒们大可各取所需，于是理所当然地成为宗教活动中心。

龙山寺既有如此大气魄，平日香火非常鼎盛。在

妈祖 又称天妃、天后、天上圣母、娘妈，是历代船工、海员、旅客、商人和渔民共同信奉的神祇。古代在海上航行经常受到风浪袭击而船毁人亡，船员的安全成了航海者的主要问题，他们把希望寄托于神灵的保佑。在船舶起航前要先祭天妃，祈求保佑顺风和安全，在船舶上还立天妃神位供奉。

台湾龙山寺

观音及妈祖诞辰时，还会举行盛大的祭典，前来烧香拜佛的人总是把庙堂挤得水泄不通。

细节之处，更见龙山寺的精雕细琢。该寺坐北朝南，采三殿式建筑格局，俯瞰呈"回"字形。由前殿、后殿、东西护宝及中央的正殿所组成，布局方正肃穆。

殿堂宏大，气势庄严，门壁梁柱极尽精雕细琢之美，全寺仿佛是千万件石雕、木雕、瓷雕所镶成的宏丽的雕刻集合体，所以被毫无争议地公认为台湾最华丽的庙宇。

龙山寺的前殿有铜铸龙柱一对，姿态生动绝伦；中殿有铜铸龙柱4对，雕工精细；所有神龛、供桌皆精镂细雕，美不胜收，尤以正殿最富观赏价值。

由于神灵多，龙山寺的祭日也多，该寺也就天天门庭若市，经常聚集着川流不息给神灵办庆典的信徒们。每逢初一、十五，都有大批香客来此进香；元宵节更有汹涌的人潮赶来看花灯；农历二月十九观音菩萨诞辰，则举行大规模的绕境游行，并在寺前广场搭台演戏。

香火最旺的台湾寺庙当属北港朝天宫，创建于1694年，主要奉祀妈祖。台湾人有四分之三的人信仰妈祖，人数多达1500多万。在台湾膜拜的众多神中，妈祖的信徒高居第一位。在台湾各地，大大小小的

宝岛台湾

台湾文化特色与形态

妈祖宫庙就有1000多座。

台湾云林县北港镇的朝天宫，是台湾规模最大的妈祖宫庙，也是全台妈祖信徒的唯一圣地。这是因为，朝天宫的妈祖神像是从湄洲祖庙朝天阁请去的，故命名为"朝天宫"。朝天宫是全台妈祖庙的总庙。每年，这里会有百万众香客前来朝圣，香火之旺，全台无他处可及。

朝天宫整个建筑群占地2000平方米，除正殿以外，前有毓麟宫，后为双公庙，还有聚奎阁、凌虚殿、文昌庙、三界公祠等，形成庞大而严整的庙宇，称冠全台。

寺庙整体为中国宫殿式建筑，号称"四落八殿，一埕七院"，经过历代重修，留下许多精美古物，一梁一柱、片瓦粒石之间，都引人驻足观看。朝天宫分四进：山门、正殿、慈航殿、圣父圣母殿。

■鹿港天后宫木雕

■ 朝天宫雕塑

山门 意为寺院正面的楼门，一般用作对寺院称呼。过去的寺院多居山林，故名"山门"。通常寺院为了避开市井尘俗而建于山林之间，因此称山号、设山门。山门一般有3个门，所以又称"三门"，象征"三解脱门"，即"空门""无相门""无作门"。

山门前有广场，石墙石地。山门分左中右3个门，中门为山川门，门前有一对蟠龙石柱和石狮，左右各称龙虎门，楹下各有一对石盾，门上均有雕刻。

正殿供奉妈祖，进深13米，顶有3层，用琉璃瓦覆顶；东西两边各有一厢，供奉注生娘娘、境主公和福德正神。

慈航殿又名中室，供奉慈航道人，即佛教的观音，左室为三界公殿，供奉三官大帝，右室为五文昌殿，供奉五文昌。

后为供奉妈祖父母的圣父圣母殿和供奉历代住持神主开山厅。

朝天宫最隆重的庆典是在正月十五的上元祈安法会和农历三月十九至二十三妈祖圣诞节，台湾当地人称"疯妈祖"。届时，进香朝拜队伍长达数十里，鼓乐齐鸣，鞭炮震天，热闹非凡。而三月十九和二十的绕境游行，更是锣鼓喧天，万人空巷，是妈祖香期的最高潮。

王爷庙是台湾最盛行的道教信仰之一，也是台湾民间信仰，会有著名的迎王祭典。"王爷信仰"尤其盛于南台湾，与中台湾的妈祖信仰并称。

著名的王爷庙有南鲲鯓代天府、池和宫、龙井福顺宫、鹿港奉天宫、南雄代天府、麻豆代天府、马鸣山镇安宫、西港庆安宫、东港东隆宫。

北帝庙为明朝镇邦护国之神，由明郑时期的官兵移民渡海来台时传入台湾，是台湾最盛行的信仰之一。著名庙宇有北极殿、下营北极殿玄天上帝庙、受天宫、梧栖真武宫、竹崎真武庙等。

关帝庙是主祀关公的台湾民间信仰庙宇。台北行天宫是北台湾参访香客最多的庙宇之一；历史最悠久的行天宫是北投分宫，次之是三峡的分宫。

每年农历正月十五元宵节台南县盐水镇的盐水蜂炮就是关圣帝君出巡显圣祈求平安演变成的民间习俗。著名的有台北行天宫、高雄关帝庙、高雄文武圣殿、台南

■ 关帝庙

祀典武庙、高雄大义宫。

另外还有哪吒庙。在台湾民间信仰中，则将中坛元帅奉为神祇，俗称为三太子。随移民进入台湾，成为台湾民间信仰中重要的一环。

著名庙宇有台南新营太子宫、高雄市三凤宫。新营太子宫，历史最悠久，兴建于1728年，全国所祭拜的太子爷几乎由此分灵而出。

公廨即阿立祖庙，为台湾平埔族原住民西拉雅族的祖灵信仰。原本不立塑像、神位，主要以祭祀壶瓮等物，为祖灵崇祀象征之所托，谓之"拜壶"。阿立祖的祭日是三月二十九日，台南县白河、大内、左镇、头社等地西拉雅族后裔保有此信仰。

三山国王庙中的"三山"指广东潮州附近的巾山、明山、独山这3座山，三山国王代表这3座山的山神，显示潮州地区客家人及潮州人对自然的景仰与敬畏，三山国王是潮州籍移民的守护神。

保安庙中的保生大帝为台湾早期泉州同安籍移民

哪吒 道教中说他是神兵神将的统帅，称"中坛元帅""威灵显赫大将军"。玉帝命他永镇天门。因世界多魔王，玉帝命降凡，以故托胎于托塔天王李靖。哪吒在佛经中相传是四大天王中之北方多闻天王毗沙门之子，是佛教的护法神之一。

■鹿港天后宫荷兰人

信仰中心，成为台湾民间信仰之一。台湾奉祀保生大帝庙宇以学甲慈济宫、大龙峒保安宫最为著名。

■ 台湾高雄十八王公庙

此外，台湾还有不少出名的神奇怪庙，也颇有趣味。如台北市北投区的情人庙，原名照明宫。其规模颇大，屋顶高而尖，为我国传统庙宇形式，又糅入泰国庙宇的建筑风格。

庙的主体为爱情殿，塑有许多与真人等大的蜡像，都是我国民间爱情故事的主角，如牛郎织女、司马相如与卓文君等，充满人间温情。

这里还有3尊蜡像，描绘的是何仙姑、吕洞宾、李铁拐三仙云游台湾时的一段爱情故事。

庙的正门有副对联：

情人双双到庙来，不求儿女不求财；

司马相如 西汉大辞赋家，我国文化史文学史上杰出的代表，是西汉盛世汉武帝时期伟大的文学家、杰出的政治家。其代表作品为《子虚赋》。作品辞藻华丽，结构宏大，使他成为汉赋的代表作家，后人称之为"赋圣"和"辞宗"。他与卓文君的爱情故事也广为流传。

神前跪下起重誓，谁先变心谁先埋。

十八王公庙位于台北县，相传有17名渔民出海捕鱼遇难，其中一人所养的忠义之犬，见主人未归，日夜守候，茶饭不思，后来竟投海追随主人而去。

当地居民为纪念这只忠义之犬，遂建造一庙，命名为十八王公庙。庙宇虽不大，前来游览祭拜的游客却络绎不绝。

嘉义县虞厝有一座牛将军庙，庙内供奉一头牛塑像。相传郑成功收复台湾后，率部众在此开垦，由于人力不足，郑成功便赐给8头水牛耕地。这些牛勤劳耕作，劳碌过度，相继而死，人们便立庙奉祀，当地人天天在神牛塑像前供奉一捆青草和一桶清水。

新竹城隍庙有光绪皇帝所赐"金门保障"匾额，是台湾经历代帝王封赠的城隍庙中"神的官位"最高的庙。最奇的是，此庙的山门上悬挂一个大算盘，据说是用于记人功过，上有对联：

世事何须多计较；
神仙自有大乘除。

066
宝岛台湾
台湾文化特色与形态

阅读链接

台湾寺庙中十分奇特而有趣的是，南投博里镇是世界最大的蝴蝶标本制作中心，每年制作外销的蝴蝶标本数以百万计。

由于大量捕杀蝴蝶，捕蝶者深感不安，就在日月潭畔建起一座"蝴蝶庙"，供奉"蝶神"，以求心灵平安。庙内天花板、墙壁上用数十万只蝴蝶作装饰，构成美丽图案。殿中有祭坛，供祀蝶王。

精美质朴的台湾陶瓷

台湾的陶瓷工艺，起源于先人对原始生活的需要，随着台湾的开发而逐渐发展。台湾的先住民大多是大陆沿海地区的移民，他们不仅将中华文化的内涵和技艺带到了台湾，而且结合台湾特殊的地理和气候环境下的特有材料，发展出了台湾陶瓷工艺所特有的形态。

莺歌镇位于台湾新北，因为境内盛产窑土，因此陶瓷制造工业发达，以盛产陶瓷著称，有"台湾景德镇"的美誉。

关于莺歌陶瓷的故事，要从尖山埔路说起。这里是当年莺歌陶瓷的发源地，也是俗称的陶瓷老街。

早在清嘉庆年间，来自福建泉州的吴岸等人开始在此制陶，

交趾陶作品——麒麟

宝岛台湾

台湾文化特色与形态

■ 台湾陶瓷艺术

雕塑 是造型艺术
的一种。又称雕
刻，是雕、刻、
塑 3 种创制方法
的总称。指用各
种材料创造出具
有一定空间的可
视、可触的艺术
形象，借以反映
社会生活、表达
艺术家的审美感
受、审美情感、
审美理想的艺
术。在原始社会
末期，居住在黄
河和长江流域的
原始人，就已经
开始制作泥塑和
陶塑了。

因当地蕴藏大量适合塑陶的土壤，加上附近山林广阔，柴薪足供烧窑所需。

于是，当地陶瓷业蓬勃发展。莺歌的陶瓷生产也逐渐从一般生活用品，发展到质精量大的工业瓷和建筑用瓷。

莺歌陶瓷老街最著名的是在这有一根古老的烟囱叫"四角窑"，还有另一种美称"隧道窑"。

莺歌陶瓷老街共有100多家陶瓷商店，莺歌的陶瓷主要可分为5类：艺术陶瓷、建筑瓷、卫生瓷、日用瓷与工业用陶瓷等，莺歌陶瓷老街陶瓷艺品林立的商店，陈列的作品如：仿古瓷、结晶釉、文趾陶、茶具组、陶瓷餐具等。

各式实用的生活器皿和创意陶器，货色齐全，风格上则古朴、新意兼具；其中也有不少是当地艺术家所创作的，为莺歌陶瓷艺术不断注入新的创造力与生命力。

苗栗县也是台湾陶瓷工业的重镇之一。苗栗县在陶瓷工业全盛时期以生产"装饰陶瓷"为主，由于获利不错，因此装饰陶瓷厂如雨后春笋般地设立，尤其陶瓷产业需要大量的劳力，因此也间接地带动了地方的经济繁荣。

苗栗装饰陶瓷的产品相当多样化，包括人像玩偶、动植物、鸟类、节庆饰品、烛台、八音盒、首饰、茶具等。

台湾陶瓷中最有特色的是具有彩塑风华的嘉义交趾陶。交趾陶起源于清朝道光年间，因发源于广东五岭以南，古名"交趾"，故名曰"交趾陶"。

交趾陶是一种低温多彩釉，是融合了软陶与广窑的一种陶艺，交趾陶的制作全凭巧夺天工的陶匠用双手及竹篾将陶土片片贴合、修饰，再以多彩釉细工着色使其绚丽，再经过多次烧制而成，集雕塑、色彩、

五岭 地处广东、广西、湖南、江西、福建5省区交界处，由越城岭、都庞岭、萌渚岭、骑田岭、大庾岭5座山组成，故又称"五岭"。自唐朝宰相张九龄在大庾岭开凿了梅关古道以后，五岭地区才得到逐步的开发。

■台湾交趾陶挂饰

烧陶之美于一身。

其特点在于晶亮艳丽的宝石彩釉，呈现多元丰富的民俗风格，且包含了捏塑、绘画、烧陶等技艺及宗教文化的民俗工艺，堪称中华民间艺术之瑰宝。

台湾的交趾陶主要作为庙宇或传统建筑中的装饰，多饰于庙宇建筑的屋顶、墙壁上的水车堵、身堵、墀头，而题材多半以教化人心的忠孝节义及吉祥献瑞等为主，其人物的身段、服饰则深受地方戏曲及歌仔戏的影响，不论人物或鸟兽、花卉的造型、用色，皆十分鲜艳生动而活泼。

在传入台湾的150年间，由于交趾陶的制作技巧难度高，因此习得此艺的匠师寥寥可数，其中以尊为"叶王"的叶麟趾，为台湾交趾陶的开山宗师。其作品还曾在世界博览会中引起艺坛的震惊，被誉为台湾绝技，后世尊为"台湾交趾陶之父"。

叶麟趾的作品散见于嘉南一带各大庙宇，如台南学甲"慈济宫"、佳里"震兴宫"及嘉义"城隍庙"等地保留较完整。其作品造型丰富、沉逸古拙，尤以人物栩栩如生，用色沉敛稳健，并独创胭脂红、翠绿颜色的釉料，后世更有"叶王交趾烧"之封誉。

阅读链接

"交趾陶艺"是最具台湾特色的民间艺术工艺。它集设计、捏塑、彩绘、烧窑等技艺的手工艺术于一体，在台湾多见于寺庙、华丽的楼宇等建筑物。题材以喜庆吉祥、惩恶扬善的故事为主。

为了应时代需求，加以适合家居装饰、礼品、办公等更多用途的设计，使其不但具有装饰性，且更能表达吉祥如意的内涵，因此深受各界人士的喜爱。

神圣美丽的鲁凯百合花

　　台湾鲁凯族居住于中央山脉南段两侧的山区，也就是屏东县雾台乡、高雄县茂林乡及台东县卑南乡。相传祖先由台东的海岸上岸，随即向山上走，来到中央山脉南段的肯杜尔山定居。

　　之后，部分族人在部落首领的领导下，由一只通灵的云豹领路，老鹰在空中引道，翻山越岭来到旧好茶，云豹停伫良久，不肯离开，族人遂在旧好茶建立了部落。因此鲁凯族被称为"云豹的故

■ 百合花

宝岛台湾

台湾文化特色与形态

■百合花剪纸

百合花 素有"云裳仙子"之称。具有较高的营养成分，又具有较高的药用价值，早在2000多年前，百合就被中医引用，历代《本草》中有详尽的记述。由于其外表高雅纯洁，种头由鳞片抱合而成，取"百年好合""百事合意"之意，我国自古视为婚礼必不可少的吉祥花卉。还有尊重的含义。

乡"，族人为了感恩禁止狩猎云豹和老鹰。

百合花在台湾鲁凯人的心中，精神层次超过视觉上的美感。鲁凯族的一个标志就是佩戴百合花的。百合花象征着女子的纯洁与男子的狩猎丰硕。在婚前如果发生亲密关系，该女子就没有资格佩戴百合花。

另外，百合花只能侧戴，只有头领才能花心向前。除了真正的百合花以外，族人也利用纸材剪成花瓣的形状，放在额前，是另一种人造的百合花意象。

鲁凯族对百合花的挚爱，来自于台湾著名的巴冷公主的美丽爱情传说：

巴冷是台湾鲁凯族"阿巴柳斯"家族的公主，脸儿圆圆像月亮，歌声十分地婉转，连飞舞的蝴蝶都会停下来听。

巴冷的双手很灵巧，织布的时候，老祖母总是赞美她的手巧，个性活泼、聪明、善良。同时，巴冷对感情秉持着纯真与执著的态度。

巴冷常常在夕阳斜照的时候，看着山上收工回家的妇女，头上顶着竹篮，唱着歌走回家，巴冷学着她们的歌声，让回音充满云雾朦胧的山谷中。

有一天，好奇的巴冷突然想跟随耕作的妇女们上山，却在蔓草丛生的林中迷了路。走着、走着，听见远方传来一阵神秘的笛声。巴冷被吸引着，不自觉地来到了鬼湖湖畔，邂逅了阿达礼欧。

阿达礼欧是神秘的百步蛇灵，是鲁凯族人心目中的祖灵，所以和人类有点距离，个性冷酷、沉默寡言。在两人慢慢产生感情的同时，也改变了两个人"永远"的命运。

从此以后，巴冷常常到山里去会蛇郎，在那深山的山谷中，他们对唱的歌声，连鸟儿都沉醉，寄生在树上的兰花也微笑。爱上巴冷的阿达礼欧在月光下向巴冷承诺，一定会以最正式的方式向巴冷的父亲朗拉路提亲。

在提亲那一天，巴冷的门外，来了一群人，其中的长老高唱求婚的歌。但巴冷眼中俊秀的阿达礼欧与庞大的提亲队伍在巴冷家族的人眼中，怎么看都是一

兰花 是一种以香著称的花卉，具高洁、清雅的特点。古今名人对它评价极高，被喻为花中君子。在古代文人中常把诗文之美喻为"兰章"，把友谊之真喻为"兰交"，把良友喻为"兰客"。

■鲁凯族佩刀

琉璃珠 琉璃是含铅的水晶通过高温脱蜡的工艺烧制而成，自古被誉为五大名器之首。我国琉璃工艺始于西周，在汉代日臻成熟。琉璃珠不仅华丽，而且蕴含着一种神秘的光彩。随着佛教的传入，琉璃珠串更被赋予了佛教的意义。

尾巨大的百步蛇与一群山野里的飞禽走兽。

巴冷坚持一定要嫁给蛇族，巴冷的父亲朗拉路不愿女儿嫁给非人的百步蛇王，又不愿冒犯祖灵，于是提出以神秘的"七彩琉璃珠"为聘礼的条件要求。

为了迎娶挚爱，阿达礼欧毅然答应。七彩琉璃珠又称太阳的眼泪，是传说中的宝物，据说是由海神保管着。但是蛇王是山上的生物，怎么可能到海里去取得七彩琉璃珠？

旅途上到处充满了可怕的敌人，但由于对巴冷深厚强烈的感情，阿达礼欧毅然决然地踏上找寻七彩琉璃珠的道路。历经了3年的风霜与冒险，阿达礼欧终于带着七彩琉璃珠回来了！

迎娶的日子终于到了，蛇族浩浩荡荡地来到了巴冷的家门口，长老高唱迎亲的歌，聘礼一样也不少。

巴冷的家族一一点收聘礼，包括槟榔、青铜刀、陶壶，当然还少不了神秘的七彩琉璃珠，母亲含着眼泪，把巴冷打扮得漂漂亮亮的。巴冷也因为要离开父

■ 台湾少数民族石刻

母，而依依不舍，最后哭倒在母亲的怀里。

巴冷公主打扮得像天仙一样美丽，她的姐妹和儿时的玩伴，都来为她送嫁。

她的亲姐姐为她洗足，她的亲妹妹为她插上百合花，母亲为她挂上家传的琉璃珠，父亲高声唱颂，叮咛巴冷公主："记着，我们全族自古正直、诚恳，你不要辱没了我们的祖训。"父亲将巴冷的手交给蛇郎。

黄昏时刻，夜幕逐渐笼罩大地，送嫁的队伍举着熊熊的火把，巴冷家族护送巴冷来到深山的鬼湖边。

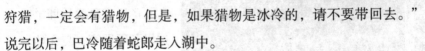
■台湾图腾

巴冷公主回头对着家人说："亲爱的爸爸、妈妈，我会守护这个地方，你们来这儿狩猎，一定会有猎物，但是，如果猎物是冰冷的，请不要带回去。"说完以后，巴冷随着蛇郎走入湖中。

几天以后，湖边的岸上长满了百合花。从此以后，鲁凯族人，尤其是女人，都喜欢在头饰上，插上一朵百合花，纪念她们心中永远难忘的巴冷公主。

阅读链接

说百合花是鲁凯族的族花一点也不为过，族人对于百合花的敬爱已经提升至精神意义，甚至代表了社会秩序与伦理。贵族阶级的装饰权在重要的场合里更显突出。

另外，在鲁凯族的神话传说中有许多关于百步蛇的传闻，如百步蛇是头目的祖先、是长老。对于百步蛇也有很多的禁忌，如尽量避免与它接触。族人以尊敬、祭祀的态度来对待它。这与排湾族对百步蛇的理念十分接近。

禅静素雅的铁丸石石雕

台湾石雕小沙弥像

台湾十大雅石之首的铁丸石产于宝岛南投埔里镇，这里冬无严寒，夏无酷暑，气候常年温煦宜人，因而获得"小洛阳"的美称。

铁丸石形成的年代大约在200万年至2000多万年之前，非常稀少珍贵。又因其石心为黑灰色，石皮色沉若铁，故名"铁丸石"。

铁丸石较一般石材之密度高且石质超细，温润有加，有如古代美女西施般的天生丽质，贵气盈盈，又称为"西施石"。

埔里镇位于台湾岛中部，石雕、水质、醇酒、美女是埔里镇著名的四最，得天独厚的自然条件，使得小镇物产丰饶，人人富足。

受埔里纯美恬静生活的吸引，愈来愈多的艺人在这里落地生根，当地浓厚的人文气质，各种手工艺百花齐放，尤以石雕最盛，铁丸石石雕就是其中最重要的一种。

上好的铁丸石形成于4千米或更深的海底，其密度、光泽度、含铁量均属最佳。因其形成条件的特殊性，此类优质铁丸石石材尤其珍贵，占台湾铁丸石石材总产量的比例极少。铁丸石石雕，就是精选上好的铁丸石石材精雕而成。

■ 台湾石雕

仁埔铁丸石石雕坚持禅静、素雅和灵动的艺术特质，在保持天籁之美的同时，因材施艺，为家居装饰、个人收藏、礼品馈赠等提供卓尔不群的艺术品。

仁埔石雕产品共有两大系列，分别是"一角禅"和"真情石意"两大系列，产品集观赏性与馈赠于一身，以令人耳目一新的主题与风格，为我国传统工艺礼品行业注入一缕清新。

"真情石意"铁丸石系列专注于我国石雕文化精品的研究与推广，擅长用雅俗共赏的艺术手法表现我国传统礼仪文化。产品独具匠心，格调清新，寓意多

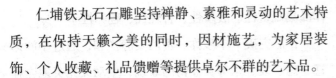

禅静 "禅"意为拥有一颗平常心，人生如行云流水，回归本真，这便是参透人生，便是禅。宁静致远、人与宇宙自然合一的最高境界为"禅定"；"静"要求专一，精神贯注，是一种修养之术，需要去掉浮躁，静心而平和地去做每一件事情。

■台湾石雕

祥云 从周代中晚期开始，逐渐在楚地形成以云纹特别是动物和云纹结合的变体云纹为主的装饰风格。这股风气到秦汉时已是弥漫全国，达到了极盛。云气神奇美妙，发人遐想，其自然形态的变幻有超凡的魅力，云天相隔，令人寄思无限。所以，在古人看来，云是吉祥和高升的象征，是圣天的造物。

为激人向上，并富有传情达意的功能。

"一角禅"系列，专注于用格调清新素雅的石雕艺术改变生活，常常以生活的形式来探究禅的本源，旨在倡导一种令人感怀的禅静生活。

一角禅系列铁丸石石雕，以佛教人物、童趣沙弥、智慧故事等为主要题材，采用铁丸石雕成，产品工艺精美，风格朴实，意境深邃，是风水家居的上佳之选，也是个人收藏的难得珍品。

"小沙弥·大智慧"典藏系列全套产品源自20个经典的禅理小故事，石雕艺人彻悟小故事的精要，会心一笑，用巧夺天工之手，成就了20款作品的神韵，作品集观赏性、故事性、哲理性、趣味性于一身。

作品突破了小沙弥一贯的安静祥和，通过小沙弥喜、怒、哀、乐等真性情的表现，生动又完美地诠释了禅学禅理的真味。

如《平平安安》：纷纷扰扰皆是乱象，平平安安方为真实。一个凝思冥想的小沙弥，静坐祥云之上，寓意吉祥太平。小沙弥左手托腮，右手托苹果，"苹"同"平"，象征平平安安。

该石雕安静、纯朴、祥和，此情此景，令人不忍喧哗。与其相对而坐，心静如止水，平安无忧。

还有铁丸石雕精品《事事如意》：邻家童子端坐大柿子之上，左手如意，右手拎双柿，笑逐颜开，其乐陶陶。"柿柿"同"事事"，结合如意，比喻事事如意。该石雕造型及寓意俱佳，大柿子又为一个储物盒，巧妙兼具实用性与欣赏性。

而《顺风顺水》则描绘了一个随浪花扶摇直上的小沙弥，小沙弥心旷神怡，畅想自由飞翔的快乐，正是顺风顺水。该石雕刻意巧妙，寓意通俗，表达了天时、地利、人和的人生顺境，是开业庆典、节庆礼品的吉祥之选。

妙趣横生的《天天向上》，刻画了两个勤学苦读的童子，一个若有所悟，一个朗朗有声，相映成趣。石雕底部暗藏一个精致的笔盒，兼具艺术性及功能性。它寓意一种持续超越与不断进步的可贵精神。

《未来》描述的是小童子身插双翼，犹在祥云之中，如坐彩虹之上。安静，因为心已飞翔；微笑，因为遐想未来。该石雕造型简洁、风格灵动、寓意深远，是对美好未来的无限憧憬。

阅读链接

台湾传统手工艺结合传统性与民族性，包含了传统文化的理念与感性，那份天人合一的人生观，那种浓厚善良的恕道精神，以及敬祖尊贤的礼仪观念深植其中。因为台湾的特殊的地理位置与气候条件，以及丰富的自然材料，其手工艺又具有浓厚的乡土风味。

台湾的石雕艺术遍岛皆有，如石头之乡的花莲石雕、神奇的二水螺溪石砚、活灵活现的嘉义石猴雕刻、澎湖文石雕刻、原汁原味的佳品高山族石雕等。

明丽华美的高山族服饰

高山族服饰

高山族是台湾主要民族，是由泰雅、排湾、阿美、布农、卑南、鲁凯、曹、赛夏、雅美9个族群部落组成的，其传统服饰色彩鲜艳，以红、黄、黑3种颜色为主。

其中男子的服装有腰裙、套裙、挑绣羽冠、长袍等，女子有短衣长裙、围裙、膝裤等。除服装外，还有许多饰物，如冠饰、臂饰、脚饰等，以鲜花制成花环，在盛装舞蹈时，直接戴在头上，非常漂亮。

因为在台湾高山族看来，饰物不但美观，而且还是一种身份的象征，这也是我国古代百越族的传统，高山族在古代以裸为美。仅以幅布遮阴，毛皮围腰。但接触汉文化以后，逐步形成男穿长衫女着裙，讲究服饰美。衣服除兽皮、树皮外，多用自织麻布并加彩纹装饰。

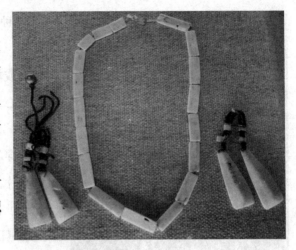

■ 台湾高山族首饰

台湾高山族9个族群的传统服饰各有特色。如排湾男人喜欢穿带有刺绣的衣服，用动物的羽毛做装饰物，女子盛装有花头巾、刺绣长衣、长袍；阿美女人有刺绣围裙，男人有挑绣长袍、红羽毛织披肩；布农男人以皮衣为主，女子有缠头巾、短上衣、腰裙；卑南人以男子成年和女子结婚时的服装最为华丽漂亮。

鲁凯人的传统服饰色彩鲜艳，手工精巧，是台湾高山族服饰中的佼佼者。在节庆的时候，鲁凯男人们戴上漂亮的帽章、佩上华丽的上衣，格外精神，女人们穿上挂满珠子的礼袍或裙子，非常漂亮。而且鲁凯姑娘从上到下披披挂挂，再加上一顶厚重的帽子，全身重量马上就多了二三十斤。

泰雅人的服装可分为便装和盛装。平时劳动穿便装，十分简单，妇女的服装大都是无领无袖无扣的筒衣。节庆时穿盛装，还要加上许多的装饰品，有趣的是，泰雅男子的饰物比女子还要多。

人数较少的赛夏人的服饰也很有特色，最吸引人

百越 我国古代南方越人的总称。分布在今浙、闽、粤、桂等地，因部落众多，故总称百越。古代粤、越通用。也指百越居住的地方。也叫"百粤""诸越"。秦汉时，相关史籍则泛称我国南方的民族为"越族"，史称"北方胡、南方越"。

■ 台湾高山族服饰

流苏 是一种下垂的以五彩羽毛或者丝线等制成的穗子。其常用于舞台表演服装的裙边下摆等处。唐代妇女流行的头饰金步摇，是其中的一种。还有冕旒，帝王头上的流苏，以珍珠串成，按等级划分，数量有所不同。

的是一种叫"背响"的饰物。"背响"也称"臀饰"，只在举行祭奠或舞蹈中使用，形状大小好像背心，上窄下宽，彩绣着各种花纹，下面缀着流苏和许多小铜铃，穿戴时背在背上，跳舞时响成一片，煞是好听。

男子衣饰类型，北部常见的有无袖胴衣、披衣、胸衣、腰带；中部常见有鹿皮背心、胸袋、腰袋、胸衣、黑布裙；南部常见对襟长袖上衣、腰裙、套裤、黑头巾等。

高山族妇女服饰基本上是开襟式，在衣襟和衣袖上绣着精巧美丽的几何图案。这种开襟服饰适应亚热带气候，可以起散热快、凉爽的作用，也易显示出人体上身的丰满、健壮的体型，给人以活泼、自由、妩媚的感受。

妇女的下身穿过膝的短裤，头戴头珠，腕戴腕镯，腰扎艳丽的腰带，脖颈上配有鲜花编成的花环。女子衣饰类型包括短衣长裙和长衣短裳。雅美人女子通常上穿背心，下着筒裙，冬天以方布裹身。

高山族的服饰丰富多彩，绚丽多姿。传统服装式样有贯头衣、交领衣、胸衣、背心、长袖上衣、裙子等。各族群男女皆重装饰，饰物种类很多，有冠饰、额饰、耳饰、颈饰、胸饰、腰饰、臂饰、手饰、脚饰等。高山族男子的服装，一般都配有羽冠、角冠、花冠。一般兄弟民族妇女喜以花为冠，高山族男子以花为冠可以说是一个特点。有些部族的男子还要佩戴耳环、头饰、脚饰和臂镯、手镯，显得绚丽多彩。

高山族男子额饰有两种制法：一种是以厚布为地，缀以贝珠；另一种是以烧珠条相间穿缀，束于额际与帽檐。

男子冠饰也各有特点：台湾曹部族的冠饰在皮帽上插上数根羽毛。泰雅部族是在藤制或熊皮制圆顶小帽圈下沿缀贝纽而成。排湾部族善制鹿角冠与豹牙冠。阿美部族善制羽冠与花冠。

砍刀普遍流行于台湾省高山族地区。形制多样，长短不一。刀把和木制刀鞘制作精致，装饰别致，有的雕刻整条蛇纹，有的将人纹并列配置，或配以点、线、三角等几何形纹饰，有的镶贝饰。男子佩挂腰间，既是生活用具，亦作装饰。

胸饰也广泛流行于台湾省各地高山族民间，有两种制作样品：一种是胸带，以草或布料编成，上缀以宝贝，下悬链袋。另一种是胸链，以贝珠、玻璃珠、烧珠、珊瑚穿缀而成。缀线长可绕颈三四周后垂于胸前。男女胸饰制法相似。

高山族装饰材料以自然物为

鹿　在古代被视为神物。古人认为，鹿能给人们带来吉祥幸福和长寿。作为美的象征，鹿与艺术有着不解之缘，历代壁画、绘画、雕塑、雕刻中都有鹿。现代的街心广场，庭院小区矗立着群鹿、独鹿、母子鹿、夫妻鹿的雕塑。一些商标、馆驿、店铺扁额也用鹿，是人们向往美好、企盼财运兴旺的心理反映。

■高山族头饰

多，颇具特点。如贝珠、贝片、玻璃球、猪牙、熊牙、羽毛、兽皮、竹管、花卉等。其中又以贝的使用最为广泛，不仅许多首饰直接用它穿缀而成，泰雅人和赛夏人过去还将其一串串缀于上衣之上，制成珍贵的贝衣。

贝衣是以两幅麻布制作的无袖上衣为底，上面缝缀一串串的贝珠制成的。

制作方法，一般是先将砗磲贝切成小薄片，然后一颗颗仔细地磨成珠状，再将一粒粒细小的贝珠穿缀成串，缝在麻布衣服的襟边、两侧下摆处，甚至布满全身。称为贝衣、贝珠衣或珠衣。

每件贝衣要用贝珠几万颗至十几万颗，制作一件贝衣非常复杂困难，要花很长时间和精力。因此，它是权力和财富的象征，多为酋长和富有者所拥有。

除服饰之外，高山族的帽子也很有特点，男子上山戴藤帽。帽顶上有圆形的图案，这是雅美人图腾的标志。祭祀时高山族人喜戴高大的银盔。

银盔是财富积累的记录，他们把用实物换来的银币铸成银圈，做成头盔，父传子，子传孙，世代相承。继承人最少在头盔上增加一个圈，儿子多把银盔拆成圈分发给众儿子，在此基础上再铸出新的头盔，世代相传，连绵不断。每到节日或新船下水，举行各种庆祝活动常戴这种银盔帽子。

砗磲 专指砗磲贝壳，佛家七宝之首，具有极高的药用价值，具有镇静、安神之效，能凉血、降血压、安神定惊。砗磲可护身健体，延年益寿，佛教视其为驱魔辟邪的神奇宝物，故被佛教作为镇教之宝。贝壳自古代便被作为宝石，类似于玉。

084

■ 高山族男女服饰

这是一种勤劳节俭和财富的象征。

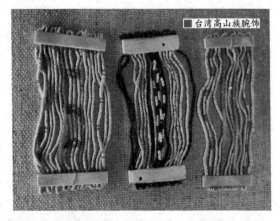
■台湾高山族腕饰

耳饰尤以排湾人与阿美人的男子最为突出。他们耳垂穿孔较大，一般用铅盘、贝壳和竹管作耳饰，并将琉璃珠用丝线连在雕有花纹的竹管一端，结扎在脑后的头发上，来防止摆动掉落。

束腹是高山族一些支系男子的特殊习俗。束腹带是用厚竹片弯成的，两端钻孔，穿麻绳以勒紧，勒扣在后腰。从十二三岁起直至五六十岁停止，昼夜都紧束在腰腹，以使胸部和腿部肌肉发达健康。

服饰是文化的象征，是民族审美特征的外化，高山族的服饰，有追求多样化的色彩和偏向明丽华美的风格。

阅读链接

在高山族各支系中，普遍存在着身体毁饰的习俗，如拔毛、凿齿、纹身等。

拔毛，指的是拔除体毛，有的支系是男性拔除，有的是女性拔除，有的是男女皆拔。男性用竹片夹子拔，女性以细麻线绞拔，有的甚至以火炭燎烧，并不觉得痛苦。

凿齿，是在12岁至16岁时，拔掉左右两个门牙或两个犬齿。有的直接用小铁棒抵在牙上用石头敲掉欲拔之牙。有些无拔牙缺齿习俗的支系，会将牙齿染成黑色，以黑齿为美。

纹身在高山族各支系具体情况不同，有的男纹女不纹，有的女纹男不纹。有的以纹身为美饰，有的以纹身为勇武的象征。受原始宗教的影响，认为纹身可以得到祖先灵魂的保佑，祛灾免祸。

男性的象征高山族番刀

台湾高山族贝衣

番刀又称山刀，是台湾高山族同胞个人佩刀的统称，根据其所属部落及用途不同而形制各异。

台湾岛内丛林茂密，加之中央山脉纵贯南北，地形十分复杂。高山族等台湾先民在岛内居住生活时，经常要在藤类密布的山林中跋涉，因此发明了既锋利又实用、同时经得起粗重操作的番刀。

番刀的造型与结构都是原住民历年来丛林生活经验的积累，比起其他刀具，更加适合岛内多变的地貌环境。最早的铁制番刀大约出现在17世纪，在郑成功收复台湾前后。从那时起，高山族原住民与大陆之间的交往开始频繁，引进了铁制工具

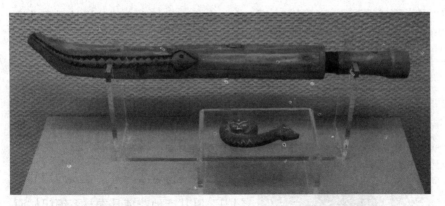

和一些先进的生产技术。这与原住民传说中番刀最早是从汉族铁匠那里得到的说法不谋而合。

当时原住民手工加工的番刀，由于设备和工艺的限制，刀身多半有些凹凸不平，那是铁锤敲打后留下的痕迹，而且材质往往不够纯净，一经使用后便很快生锈。早先制作番刀所用的钢材，都是向平原地区的汉人购买或交换而来的。

在岛内长期生产生活实践中，番刀制作不断演进，加之受到马来及小琉球群岛文化的影响，从而逐渐形成了一些不同于其他民族刀具的独有特点。

番刀的刀形与众不同，刀身较宽，刀尖上翘，刀背在靠近握把处有一明显突起，刀身上下两侧均呈现出明显的弧度。

此外，与其他刀具握把和刀背普遍平行的情况不同，番刀的握把与刀背轴线之间有一个夹角，握持时刀前部略微向下，重心靠近刀前部。这些特点使得番刀更加适合于劈砍，而且使用时较为顺手。

此外，在劈砍时刀前部锋刃的位置比视觉所感觉到的要更为靠下，在搏斗时往往会造成敌方的错觉，

祭祀 是华夏礼典的一部分，更是儒教礼仪中最重要的部分，礼有五经，莫重于祭，是以事神祈福。祭祀对象分为3类：天神、地祇、人鬼。天神称祀，地祇称祭，宗庙称享。祭祀的法则详细记载于儒教圣经《周礼》《礼记》中，并有《礼记正义》《大学衍义补》等书进行解释。

■ 高山族雕塑

番刀 在台湾历史中，番刀占有一席之地。在历次反抗外来侵略者的战斗中，番刀始终是最主要的武器之一。在1641年至1643年间，岛内先后有58个高山族部落起义，以番刀和弓箭来抵抗荷兰殖民者。番刀从此成为台湾军民抵抗外来侵略的象征。

这一点与古代胡人弯刀的设计有异曲同工之妙。

高山族各族居住地区、生活习惯、语言及文化特征各不相同，对于番刀的称呼也大相径庭。同时，番刀因产地和用途的不同，种类颇多，形制各异。

其中最为著名的是泰雅人使用的铜门刀，以其产地花莲县秀林乡铜门村而得名，东部各地多有使用。一般意义上所说的番刀，都是指铜门刀而言。

埔里刀主产地在南投县埔里镇，泰雅、布农族都有使用，刀形类似直刀，刀身短，刀面宽。

而南投县水里镇出产的则称为水里刀，主要由布农族与邹族使用，刀形前大后小，重心接近刀尖处。

此外还有六龟刀、雾台刀、台东刀，产地分别在高雄县六龟乡和台东县南王部落，刀形大同小异，使用者主要有排湾与鲁凯、卑南等族。

对原住民中的男性来说，整个生命历程都与番刀不可分割。男婴诞生时，长辈便赠送一把番刀，待其长到12岁以后，方有佩刀资格，外出时必佩带番刀，用以打猎、伐木和防身自卫，片刻不离其身，直至生命结束。

番刀是原住民渔猎和生活的必备工具，只要携带一盒火柴、一包盐和一把番刀，便可以在山林中生活数十天。

原住民从小便要学习使用番刀的技巧，如砍伐树木时，用刀的力道、弧度及方向距离都有讲究，一般以45度角斜劈，一侧连砍两刀，再在另一侧对应位置斜砍一刀，小腿般粗细的树木便应声而倒。在部族中，擅使番刀者往往被尊为勇士，赢得别人的尊敬。

通常情况下，番刀还是高山族男子"礼服"的一部分，象征着其主人的英勇威猛及社会地位。在各种婚礼庆典和祭祀活动中，番刀也必不可少。

对泰雅人而言，它是必备的嫁妆之一；在排湾人的婚礼中，也必须有新郎以番刀斩断藤条的仪式；阿美人中还流行一种求婚方式，求婚者比赛进山砍相思木并背至女方家中，以负重最多、最快者为胜。

番刀根据用途不同，大小各异。通常泰雅族成年男子所佩腰刀一般全长48厘米左右，其中柄长约16厘米。但无论大小，番刀都与通常刀具一样，由刀身、刀柄与刀鞘三大部分构成。

刀身是一把刀的主体，可以细分为刀茎、刀体、刀刃和刀背。

番刀的加工过程与一般刀具并无大异。以铜门刀为例，开始是选择材料，然后以红炉加热至500度以上，以铁锤手工将其敲平，经过反复多次锻打，将多余杂质去除，打制出刀形后，再对其表面进行抛光加工，然后

相思木 也就是红豆树，又名金合欢木、金丝木。其属于含羞草科，合欢属，近年较多引种的是银荆和绿荆。银荆又名圣诞树、澳洲白色金合欢。常绿乔木。相思树叶银灰绿色，花深黄色。

■ 台湾高山族男服

■ 台湾清代金漆木
雕龙纹家谱

台湾文化特色与形态

透雕 指在木、石、象牙、玉、陶瓷体等可以用来雕刻的材料上透雕出各种图案、花纹的一种技法。距今5000年前的新石器时代晚期，陶器上已有透雕圆孔为饰。汉代到魏晋时期的各式陶瓷香熏都有透雕纹饰。清乾隆时烧成镂空转心、转颈及镂空套瓶等作品，使这类工艺的水平达到了顶峰。

装上木柄，开刃磨砺后便为半成品。

刀柄选材主要考虑其硬度高、质量小、不易龟裂及茎部髓心大易与刀茎相结合，大多选取桧木、樟木来制作。番刀刀柄多呈前细后粗的圆筒形，刀柄末端膨大呈球状，外形简洁实用。刀柄表面刻有环形细槽，并缠有铜线或纱线，目的是使刀柄与手掌贴合紧密，使用时不易滑脱。

有些实用性的番刀，刀柄像大陆南方柴刀一样，直接用铁片卷打而成并与刀身末端锻合在一起。刀鞘选材也很讲究，要求其具备质量轻、易雕刻、不变形等特点，盐肤木、苦楝树等都是首选。

同时凿制刀鞘，打眼、穿铁线、刻花并油漆上色。在进行最后的装饰之后，一把崭新的番刀便大功告成了。其他种类的番刀加工过程也与此类似。

番刀的刀鞘形制更加独特。这种罕见的单面刀鞘是用一整块木料凿制而成的，鞘室全部暴露在外，鞘身两侧边缘打有若干对小孔并穿有铁线，防止刀身插入后脱落。鞘底有两对大孔，线绳从孔中依次穿过，最后在收线槽处打结，用来将刀鞘固定在腰间以利于携行。

刀鞘的这种独的特设计是因为台湾本身的地理环

境使然：一是岛内多雨，单面刀鞘鞘内不易积水，而且鞘身下方有两个突起，称为滴水角，雨水可以顺势流下；此外就是，高海拔地区温度较低，刀身沾上动物油脂后，容易凝结在鞘内不易拔出，单面刀鞘则避免了这方面的问题。

台湾原住民部落擅长传统手工艺，所有的实用品同时也都是工艺品，番刀也不例外，木雕、夹彩织布、缀珠、刺绣等工艺在番刀的装饰上都有体现。

北、中部的泰雅、赛夏、布农、曹等族番刀上的雕饰较为简单，多为简洁的阴刻线条。泰雅族多为斜交纹、平行线纹、锯齿纹等，刻线内涂成黑色；布农与曹族习惯在刀鞘、弓背上刻以三角形缺口或点纹，同时作为狩猎的纪录。

南部排湾、雅美和鲁凯等族雕饰技术相对发达，尤其以排湾族雕刻为最，包括浮雕、透雕或立体雕刻多种技法，图案多为人像、动物及绳纹、菱纹等，而雅美族则以精致的浮雕刀鞘而著称。

阅读链接

除番刀外，台湾著名的还有士林刀，士林刀的创始人为郭合，于1870年自创"茄柄竹叶刀"，其刀名由来，因其刀柄如茄形，刀身像竹叶，又因制刀地点在八芝兰，所以也称八芝兰刀，台湾光复后八芝兰改名为士林，始称"士林刀"。

"八芝兰小刀"刀把为水牛角，刀刃全为手工锻造，因此，一般家庭视为奢侈品。由于士林刀的锋利度相当高，因此用途很广，削竹、切菜、切鱼肉、采槟榔、割渔线都没有问题。

四季如画的仙境日月潭

　　日月潭位于台湾南投县鱼池乡水社村，是台湾唯一的天然湖，是我国最美的湖泊之一，由玉山和阿里山之间的断裂盆地积水而成。

　　日月潭四周群山环抱，潭水清澈见底，风景非常优美。日月潭中有一小岛远望好像浮在水面上的一颗珠子，名光华岛。以此岛为界，北半湖形状如圆日，南半湖形状如弯月，日月潭因此而得名。

　　关于日月潭有很多传说，其中之一是说，相传日月潭的发现归功

■台湾日月潭

■ 台湾日月潭拉鲁岛

于一只神鹿：

相传300年前，当地有40个山胞集体出猎，一只体型巨大的白鹿窜向西北，于是尾随追赶。他们追了三天三夜，白鹿在高山富林中失去踪迹。

山胞们又在山中搜了三天三夜。第四天，他们越过山林，只见千峰万岭、翠绿森林的重重围拥之中，一片澄碧湖水正在晴日下静静地闪耀着宝蓝色的光芒，就像纯洁的婴儿甜蜜地偎依在母亲怀中酣睡。

山胞们又发现，碧水中有个树林茂密的圆形小岛，把大湖分为两半，一半圆如太阳，其水赤色；一半曲如新月，其水澄碧。于是他们把大湖称为"日月潭"，将那小岛叫作"珠仔岛"。

他们发现这里水足土沃，森林茂密，宜耕宜狩，于是决定全社迁居此地，带头部落首领就是邵族酋长"毛王爷"毛信学的祖先。环潭一带地方古称水沙连，分属南投县鱼池乡，是高山族邵族人的聚居地。

光华岛 即拉鲁岛，位于台湾地区南投县日月潭中心，同时也是日月潭地标。传说是邵族最高祖灵的居处，也是邵族早期的聚落之一。清朝文献称之为"珠屿""珠山""珠仔山"，日本人称为"玉岛"，当地人称为"光华岛"，意为"光耀中华"。

另外一个故事，则很有些神话色彩：

很久很久以前，台湾住着一位勇敢的青年大尖和一位美丽的姑娘水社，他们相互爱慕。

这个大潭里住着两条恶龙，有一天太阳走过天空，公龙飞跃起来，一口将太阳吞食下肚。晚上月亮走过天空，母龙也飞跃起来，一口将月亮吞下。这对恶龙在潭里游来游去，把太阳和月亮一吐一吞，一碰一击的，像玩大珠球。

他们只图自己好玩，却没想到人世间没有了太阳和月亮，分不清白天和黑夜，树木枯萎了，鸟儿不叫了，稻田里快成熟的稻穗也干瘪了，家家户户的粮食吃光了，牛羊快饿死了，日子过不下去了……

大尖和水社决心为人间找回太阳和月亮。可是怎样才能杀死恶龙呢？大尖哥和水社姐悄悄地钻进恶龙居住的岩洞里，从恶龙的谈话中偷听到它们最怕埋在

邵族 自称"以达邵"，邵族的起源，众说纷纭。邵族人主要居住在日月潭畔的日月村和水里乡顶村的大平林。邵族人深受祖灵信仰的影响，敬畏自然，分为最高祖灵和氏族祖灵。族内流行的手工艺品为自己鞣制的皮革和自己纺织的麻布。

■ 台湾日月潭

阿里山底下的金斧头和金剪刀。

■ 台湾日月潭北的
文武庙

大尖哥和水社姐历尽艰险，顶风冒雨，跋山涉水，终于来到阿里山下，从山底下挖出了金斧头和金剪刀。然后他们又回到大潭边，恰好两条恶龙正在潭里玩耍太阳和月亮，大尖哥跳下潭去，挥起金斧头，把恶龙砍得满头是血，遍体鳞伤，水社姐看准时机，用金剪刀剪断了恶龙的肚子。

两条恶龙死了，可是太阳和月亮还是沉在潭里。大尖哥摘下公龙的眼珠，一口吞下肚；水社姐摘下母龙的眼珠，也一口吞下肚。他们变成了巨人，站在潭里像两座高山，大尖哥用劲把太阳抛起来，水社姐就拔起潭边的棕榈树向上托着太阳，把太阳顶上天空。

接着，水社姐用劲把月亮抛上了天空，大尖哥也用棕榈树把月亮顶上天空。太阳和月亮又高挂在天上，光耀大地，万物复苏。草木活了，树上的鸟儿又歌唱了，田野里稻谷又结穗了，人们欢呼雀跃。而大

阿里山 在台湾省嘉义县东北，属于玉山山脉的支脉，地跨南投、嘉义二县，是大武峦山、尖山、祝山、塔山等18座山的总称，主峰塔山海拔约2.6千米，东面靠近台湾最高峰玉山。相传在很久以前，有一位邹族酋长阿巴里曾只身来此打猎，满载而归后常带族人来此，为感念他便以其名为此地命名。

尖哥和水社姐从此变成了两座雄伟的大山，永远矗立在潭边。后来，人们就把这个潭叫日月潭，把这两座大山分别叫作大尖山和水社山。

而且从此以后，每年秋天人们穿着美丽的服装，拿起竹竿和彩球来到日月潭边玩托球舞，学着大尖哥和水社姐的样子，把彩球抛向天空，然后用竹竿顶着不让它落下来，以此来纪念大尖哥和水社姐这对青年英雄……

日月潭是台湾风景优美的"天池"，地处玉山山脉之北、能高瀑布之南，潭面辽阔，旧称水沙连、龙湖、水社大湖、珠潭、双潭，亦名水里社。水社大山，朝霞暮霭，山峰倒映，风光旖旎；潭北山腰有一座文武庙，自庙前远眺，潭内景色，尽收眼底；南面青龙山，地势险峻，山麓中有几座寺庙，其中玄奘寺供奉唐代高僧玄奘的灵骨。

西畔有一座孔雀园，养有数十对孔雀，能表演开屏、跳舞，使人倍添游兴；东南的邵族居民聚落，有专供旅客观赏的民族歌舞表演。泛舟游湖，在轻纱般的薄雾中漂来荡去，优雅宁静，别具一番情趣。

日月潭之美在于环湖重峦叠峰，湖面辽阔，潭水澄澈。一年四季，晨昏景色各有不同。尤其夏季清爽宜人，为避暑胜地。

宝岛台湾
台湾文化特色与形态

阅读链接

日月潭之所以美丽，是因为它的四周是一座座长满绿树的山，而湖水又静静的、蓝蓝的，像一面镜子，把周围的山色倒映在湖里。另外，一年四季，早晨晚上，映在湖里的景色也不一样，变来变去，就像传说中的仙境。

日月潭四周的群山还有几处名胜古迹。其中潭北山腰有文武庙，庙中有孔子像，左右有文昌君与关羽像，从庙里看出去，日月潭左右两个湖，都看得清清楚楚。另外还有涵碧楼、慈恩塔、玄奘寺、德化社等。

宝岛风韵

台湾地区原住民族属古代的百越族，虽历经千载，但仍然保持了本民族特色的风俗，如射耳祭、矮灵祭等。

台湾是一个移民众多的地区，客家族群强调的文化，在语言、风俗、习惯、文学艺术等方面，都留存着丰富的中原古风，这方面可以从台湾的妈祖信仰上得以体现。

此外，台湾原住民的音乐颇具特色，特别是与中原音乐、戏曲融合之后产生的具有台湾特色的当地戏剧、民歌、舞蹈等，都有力地展现了台湾文化的多样性。

展示猎人精神的射耳祭

　　台湾原住民重视祖灵信仰，相信祖灵居住在山上，并且会保护族人收获丰盛。几乎各个原住民族都有丰年祭，各族也有自己独特的祭典，例如布农人的射耳祭与小米祭。

　　布农人在原住民中，和泰雅族同属典型的高山民族。分布在台湾中央山脉的布农人，在台湾高山族中，以剽悍、勇猛、刚毅而著称，

台湾少数民族服饰

■ 古人狩猎画面

而其英勇善猎的技术，更令人钦慕。

传统布农人靠山吃山，对于大自然相当敬畏，一年当中不论播种、收成、除草、打猎，都有固定的祭祀仪式告天谢神，其中射耳祭是最重要的祭典。

布农人是一个没有文字的族群，自古以来，他们就是根据月亮的阴晴圆缺和一年四季环境变化与农事活动，来定出自己的祭祀历法。

布农人一年中有很多庆典和祭祀活动，其中射耳祭也叫打耳祭和小米丰收祭，是布农人一年中最重要的隆重节日。射耳祭和小米丰收祭，代表了布农人传统生活中对狩猎和小米的虔诚与期待丰收的喜悦心情。在这两个重大的节日里，布农人都穿戴美丽的服饰，尽情地饮酒、歌舞。

举行射耳祭的时间在每年四五月间，正好是小米结穗、丰收在望的日子。祭典前，族里的男人会擦亮

历法 用年、月、日等时间单位计算时间的方法。主要分为阳历、阴历和阴阳历3种。阳历亦即太阳历，以地球绕太阳1周为1年；阴历亦称太阴历，以朔望月为1个月。农历是阴阳历的一种。历法中包含的其他时间单位尚有节气、世纪和年代。

■ 台湾原住民

巫师 在古代社会中有很多的功用：他们可以用魔法保护他人，以免受到自然灾害、外来者和敌人的伤害。他们也负责改正错误，衡量对错，操控大自然和解释恐怖的现象等。因此几乎每个村落里都有巫师，他们是村里最重要的人物，男性和女性巫师都存在。

自己的猎枪、弓箭，组成10余人的队伍，上山狩猎；此时也是男人展现勇气和技艺的时候，如果能够猎得山猪、鹿等大型动物，将被族人视为英雄。

同一时间，猎人的妻子开始准备食物并酿制香醇的小米酒，待男人扛着丰硕的成果归来，妇女们便带着佳肴和小米酒至村口迎接，猎人也将捕得的兽肉拿出来给大家分享，气氛颇为欢乐。

第二天凌晨，男人们携带自己的猎枪，陆续来到氏族的祭场。祭场内通常有棵大树，树下挂着历年来祭祀用的兽骨。

巫师首先祭兽骨，以表达对猎物的敬意，祈求来年依旧丰收，并挂上新猎物的兽骨。随后举行点火祭，巫师将预先准备好的桃、李、盐肤木以及称为"嘎巴库斯"的芦苇秆放入地上的坑洞中点火。

桃、李象征丰收，盐肤木则是布农人制作火药的原料，关系到打猎的成果，而"嘎巴库斯"则由于富含油脂，为露宿野外时燃烧取暖的薪柴。借由生火过程的顺利与否，便可预测氏族当年的运势，因此巫师在点火时都会相当小心，通常都能一点即燃。

当柴堆的火势旺盛地燃烧起来的时候，大家也趁此时赶紧拿出自己的猎枪在火堆上挥舞着，希望借此能招来好运，这便是打耳祭之前的枪祭。

接着，巫师便开始发玉米，以玉米数数人头，借以均分兽肉；如果数目错误，则被视为厄运的征兆。

待天空大亮时，祭仪的核心"射耳祭"便正式登场，所有男性集合在广场上，从年龄最小的开始，或以弓箭或以猎枪，依续向场中央竖起的山羌或水鹿等兽耳射击。

射耳是为了培养族人精湛的狩猎技术，使之成为

弓 是抛射兵器中最古老的一种弹射武器。它由富有弹性的弓臂和柔韧的弓弦构成，当把拉弦张弓过程中积聚的力量在瞬间释放时，便可将扣在弓弦上的箭或弹丸射向远处的目标。弓箭作为远射兵器，在春秋战国时期应用相当普遍，被列为兵器之首。弓是自人类出现战争到近代枪炮大量使用为止，弓的作用是任何武器无法替代的。

■ 古人祭祀场景

英勇高明的猎人；为了荣耀，也为了期待射中后能为族人带来好运，大家都聚精会神，全力以赴。待轮完一圈，主祭的巫师便射出最后一箭，并吟诵祈求丰收的祷文，正式祭典在此便告一段落。

接下来的阶段，女人不得参与的禁忌解除，气氛也由严肃转为轻松，男人们围坐在广场的空地上，女人们则围在外围，热闹的夸功宴"马拉斯打邦"正式登场。

这时，场中大家轮流传吃兽肉、小米酒，勇士们鼓足中气轮流唱和，大声报出家庭姓氏，并夸耀祖先的荣誉以及个人英勇事迹，说到兴奋处，大伙齐声附和，酒酣耳热之际，气氛越来越高昂。

而家庭若有新媳妇或新生儿，也会趁此时机由长老介绍给族人认识，并给予祝福。

最后，在欢乐的气氛达到最高潮时，全族老少一起高唱"祈祷小米丰收歌"，举世惊艳的八部合音此时登场，浑然天成的歌声仿佛天籁，待歌声告一段落，族人们才踩着愉悦的脚步散去，并且在心中期许着，今年必定又是丰收的一年。

阅读链接

在时代变迁下，布农族的各项祭典随着传统的式微而快速散失，射耳祭则成为永续猎人精神的一脉香火。

从前，枪祭都是实弹射击，后来改以燃放鞭炮代替。除台东县海端乡的初来、雾鹿等地仍维系着氏族动员的传统外，各地布农族的射耳祭，后已多改由部落甚至全乡联合举办。

祭典之外，往往增加不少热闹的活动，一方面凝聚族人的认同，一方面也向外人展示猎人精神中尚武而坚毅的一面。

以异族为核心的矮灵祭

矮灵祭是台湾赛夏人之主要祭仪，每两年旱稻已收三分之一后举行，在赛夏人心目中占有极重要的地位，它具有非常特殊的异质要素，是以异族矮灵为核心的祭仪。

矮灵祭分为5部分，即迎灵、祭灵、娱灵、逐灵、送灵。每一部分占一夜，正中的一夜"娱灵"为本祭，须排在秋割月之望夜，正值旱稻收获之时。

■台湾少数民族服饰

在五段祭仪前后还有附加的仪式，每一段祭仪由日斜或日暮前开始，至翌日日出后完毕，故每段祭仪虽只占一夜，实则跨两天，所以全部祭期有6天。每两年举行一次，10年则举行大祭。

■古人狩猎岩画

巫术 指我国古代企图借助超自然神秘力量对某些人、事物施加影响或给予控制的方术。传说舜的儿子做了巫咸国的首长，带领巫咸国生产食盐。他们把卤土蒸煮，使盐析出，成为晶体，外人以为是在"变术"。加上巫咸人在此过程中举行各种祭祀活动，别的部落把它看成是在实施一种方术，于是称为"巫术"。

矮灵祭的由来，有一个古老的传说：相传在很久以前，有一群居住在新竹五峰乡上坪溪上游右岸半山腰岩洞内的族人，身高虽仅有3尺，但臂力强，而且擅长巫术，所以与之为邻的赛夏人很怕他们；不过，由于矮人能歌善舞，所以赛夏人每年到了稻粟收获举行祭典时，都会邀请矮人一同唱歌跳舞。

只是，矮人在歌舞之余，经常借机侵犯夏赛人妇女，而矮人又善于隐身之术，所以赛夏人不易查到证据，往往在祭典过后，才发现有许多赛夏人妇女都怀孕了。因此，赛夏人对于矮人的怨恨便日益加深。

直到有一年的祭典，矮人又在调戏夏赛族的妇女时，恰巧被赛夏人看见，赛夏人已忍无可忍了，绞尽脑汁苦想计策，于是，他们暗中把矮人回途时常爬上去休息的枇杷树先砍断一半，再用泥将树的缺口遮掩起来。

果真，矮人们依照旧习惯，一个一个爬到枇杷树上休息，就在矮人们都来不及反应时，枇杷树便瞬间倒下，矮人们一个一个都跌落深渊内淹死了，只有两个矮人幸免于难。

这两位矮人虽知是赛夏人设计害了他们的族人，但人单势薄也无可奈何，乃决定往东方而去，离开前，还将祭歌与舞步教授给赛夏人。赛夏人虽然除去了心头大患，内心却感到不安，于是开始祭祀矮人，安抚他们的灵魂，以化解彼此的仇恨。

从此以后，就在秋收之后的月圆夜里，赛夏人不断地唱着、跳着，邀请矮灵归来，再一次与赛夏人同乐，并在歌声中请求矮灵的原谅与赐福。

赛夏人的矮灵祭每两年举办一次，传统上是在农作物收成后的月圆前后举行，大约在农历十月十五下元节左右。每十年举行大祭一次。大祭和一般的矮灵祭，最大的区别是：大祭有祭旗的制作。

这是一个用五六米高的竹子做成的大祭旗，上面用红色和白色的布条装饰着。这个旗子只有姓夏的赛夏人才能够碰触，且在祭典当

台湾民俗

典故 原指旧制、旧例，也是汉代掌管礼乐制度等史实者的官名。后来一种常见的意义是指关于历史人物、典章制度等的故事或传说。典故这个名称，由来已久。最早可追溯到汉朝，《后汉书·东平宪王苍传》中记载："亲屈至尊，降礼下臣，每赐宴见，辄兴席改容，中宫亲拜，事过典故。"

中，要一直不断地绕着祭场走动。走动或启动时，可由胡、樟二姓的人搀扶协助。

相传，这个旗子的由来，是有典故的：

在很久以前，赛夏部落发生了一场瘟疫，各宗室无一幸免，尤其是朱家几乎灭绝。唯一存活下来的，是一位年逾60岁，头发半白的老人家。他的家人都死了，一个人孤苦伶仃，很是可怜。

于是，夏家就将一位18岁的少女许配给他做妻子，好延续朱家香火。朱家对于夏家这样的恩情十分感谢，就赠与一条红布以表心意。

此后，每次十年大祭的时候，夏家就会做出一个这样的大旗，上面红色的布条是表示朱家赠旗的信物，而白色的布条则是指赛夏人团结、洁净的象征。

经过长期的发展及地理上的区隔，赛夏人矮灵祭发展成为南北两大祭团：南祭团涵盖苗栗县南庄及狮

■ 古人祭祀集会岩画

潭等地的赛夏人，祭场位于向天湖；北祭团主要是新竹县五峰乡五峰的赛夏人，祭场位于大隘。两者祭典内容大致相同，不过南祭团所有的祭仪都比北祭团早一天。

■ 少数民族头饰

祭典前一个月的南庄会谈，开启了矮灵祭的序幕。会谈内容主要是约定祭典举办的日期，会谈之后，族人开始练习平常禁唱的祭歌，而且屋室、器物上绑着象征驱邪的芒草结，并保持心境的平和，不可与人有所嫌隙，否则将会招致矮灵的不悦，被矮灵所惩治。

一个月之后，矮灵祭正式开始，第一天称为迎神，有请神、分猪肉、请灵及表彰事宜等仪式活动。其中请灵，是当天最重要的仪式，先由日家族人向东方射箭，告知矮灵祭典的来临，再由各姓长老供奉猪肉串、糯米酒，向东方虔敬地祝祷以召请矮灵。

第三天的娱灵，是整个矮灵祭典中祭祀的重点。当天清晨先由日姓家进行，再由其他各姓跟进，原因是日家肩负射箭示信的责任，过程类似祖灵祭。

第四天傍晚，族人齐聚在祭场，以歌舞表达对矮灵的崇敬。开始由象征矮灵的臀铃引领着手牵手的族人起舞，然后也杂在族人当中，与之共舞。

进行到子夜时分，唱到最悲怆的以雷女的故事比喻矮人落水而亡时，所有的声响及舞蹈停止，全体面

向天湖 位于苗栗县南庄乡东河村，是赛夏人中的最大部落。相传几百年前，这里原是一处湖泊，昔人因见该湖仰望天空，而取名向天湖，亦称仰天湖。后因大东河支流向源头侵蚀，切穿湖岸，湖水流失，留下土壤肥沃的湖底，成为山间盆地，移居此地的原住民，将其辟成耕地。

向东方，主祭站在臼上向东方祝祷并训诫族人。以后几天的活动都是以彻夜不断的歌舞来纪念矮人。

最后一天，在舞蹈结束之后，祭场出现一连串仪式，由赛夏人演出一幕矮灵祭由来的故事。透过这样的展现，告诉族人过去的历史文化和和谐的传统美德。在收获祖灵祭结束后，矮灵祭正式落幕。

因为矮灵祭开始时，族人分别邀请祖先及矮灵参与盛会，因此，必须到祖灵祭结束，矮灵祭才告一个段落。在为期一个星期左右的祭典期间，与会的人一定要随身携带辟邪用的芒草。在部落里的人都要庄重严肃，不能有什么开玩笑的举动或者是随便批评。

这时，在外地求学或工作的族人都要回到部落参与祭典。若不如此，将可能会有意外或者是病痛的发生。严重者会被矮灵抓去，导致暂时性的无法动弹。

此时，主祭就必须召集各家小主祭进入祭屋，用芒草覆盖发病者全身，并且用心忏悔以及祈求矮灵的宽恕。如此一来，发病者便能恢复呼吸和意志。

宝岛台湾

台湾文化特色与形态

阅读链接

关于矮灵祭，另有一个传说，情节大致雷同，但在矮灵祭的成因有所出入。赛夏族将通往矮人住处的山枇杷树桥砍断一半，桥上的矮人落水灭亡。

剩下的两位矮人将训诲赛夏人的叮咛事项编入歌舞，传给赛夏人并警告他们要遵从约定举行纪念矮人的祭典，唱矮人教导的祭歌，否则农作物会歉收甚至灭族。说完向东沿着河岸边撕开山棕叶边下诅咒离去。但只有朱家学的完整，所以每次祭典由朱姓族人主祭。

炮轰寒单爷和盐水蜂炮

炮轰"寒单爷"和盐水蜂炮，都是台湾人民在元宵节时举行的特殊的民间活动，历史悠久，热闹非常。

寒单爷又称玄坛爷，是台东地区汉人的民间信仰中相当独特的一支，每年正月十五元宵节时，寒单爷出巡，一连两天，伴随着各路神明绕境，更成为地方盛事。

关于寒单爷的由来，一直众说纷纭，民间一般有两种说法：

一说寒单爷本是商代武将赵公明，周武王伐纣时在阵前殉职，死后在天界专司财库，与生前4位部属合称"五路财神"，因此迎寒单爷其实就是

台湾南路财神

迎财神，由于寒单爷怕冷，因此人们便以鞭炮为之取暖。

相传台东的寒单爷为一户养鸭人家从西部随身带来，一年遭逢大水，附近人家皆遭洪水冲毁，唯独这户人家平安无事，自此寒单爷声名日渐传开。

养鸭人家后来将寒单爷留下，并嘱咐乡民每年上元节时，要让寒单爷出巡，以消灾解厄，并带来财富，炮轰寒单爷的习俗就此流传下来。

■台湾东路财神花灯

另一说法则是：寒单爷本台东当地的流氓，在地方上欺压良善，无恶不作。某年元宵，乡民计诱寒单爷饮酒，将其灌醉后，再以鞭炮将其炸死。因此后来每逢寒单爷出巡，各家无不添足火药，大肆轰炸一番以泄怨气。

迎寒单爷的仪式十分特别，由真人所扮演的"肉身寒单爷"，要面画大花脸，头系红帽巾，手执榕叶护体，上身赤裸地立于神轿上，在台东市的大街小巷中逡巡。

所到之处，店家、信众无不热烈地投以鞭炮。炮竹声震耳欲聋，寒单爷却仍面不改色，神气活现。

除了寒单爷，众家神明在这天也会上街巡境，由台东各庙宇联合组成的大型队伍，热热闹闹地绵延了几千米，一路上风光体面、喜气洋洋。

荷叶仙师 为泥水匠业的祖师爷，相传荷叶仙师乃仙人的化身，初时教人制瓦起造房屋，其后徒众甚多，知其技艺超群，争相欲拜仙师为师。而仙师的名号，乃因仙师的小腿有痼疾，终日以荷叶、芋叶裹其伤腿，故以铭之。

值得一提的是，阵头中的神明除妈祖、荷叶仙师外，还会出现原住民的神明，实为后山"原汉交流"的一大特色。

盐水蜂炮也是台湾元宵节时著名的地方民俗活动，地点在台南盐水镇，所谓蜂炮是指许多冲天炮组成的大型发炮台，点燃时万炮齐发，有如蜂群倾巢而出，故称"蜂炮"。

盐水镇靠海，多住以讨海为生的渔民，来自福建沿海，蜂炮的活动可能起于清光绪年间，盐水镇瘟疫流行，居民基于民间习俗，向当地的"关圣帝君"祈求平安，并依占卜结果，在元宵节晚上，请出庙中的周仓爷做开路，关圣帝君殿后。

一路燃放爆竹，绕区一晚，后来遂演变为一个传统，起初全区各里都在元宵节前后为时3天燃放爆竹，后来逐渐改为各村轮流放爆竹的形式。

关帝圣君 乃儒、释、道三教均尊其为神灵者，在儒家中称为关圣帝君，另有文衡帝君之尊称；佛教以其忠义足可护法，并传说他曾显圣玉泉山，皈依佛门。因此，尊他为护法伽蓝神、盖天古佛；道家中由于历代封号不同，有协天大帝、武圣帝君、关帝爷等，民间则俗称恩主公。

■台湾中路财神和北路财神花灯

台湾西路财神

基本的蜂炮做法是以木条钉制大型支架，可从两尺至两丈高，再将冲天炮排满在木架上，可从几千支到一万余支冲天炮不等，接着将冲天炮的炮心连接起来，组成了炮台或炮城，再加以外观装饰，粘贴色纸，组成人形、动物型等。通常家族会动员家人一起制作蜂炮来参加活动。

盐水蜂炮的路线惯由盐水镇的关圣帝君庙前开始，祭神庆典时间皆为农历正月十四日上午八时开始，要到正月十五日傍晚，各家才会开始推出炮台，待神轿与轿夫出发后，就正式揭开序幕。

当神轿行到炮城前，主人拉开红布，撕下炮台上"某某家敬献关圣帝君"字样的红纸，焚烧在神明面前后才正式引燃自家的炮城。一时万炮齐发，极为壮观！参加蜂炮活动的民众多准备有厚的衣服、帽子来参加此炮声隆隆、火光不断的民俗庆典。

宝岛台湾

台湾文化特色与形态

阅读链接

寒单爷的名称有"寒丹、韩郸、韩单、韩丹、邯郸、邯丹、邯单"等多种不同写法，推论其原因，应该是口耳相传的过程中造成的变化，或是古字和现代用字的不同，实际上皆是一样的。

在魏晋南北朝时期成书的《搜神记》和《真诰》等，都有寒单爷的神迹，但只是司土上冢中事，或是瘟神。直到元朝的《搜神广记》和明朝《封神演义》之间，才有较完整的记载。

热烈而吉祥的送王船

台湾西港庆安宫的"送王船"每3年一次，通常在农历四月中旬举行。

烧王船是整个祭典仪式的最高潮。送王船仪式是中华传统文化的组成部分，其信仰习俗由于历史悠久，信众数以万计，且长盛不衰。

送王船又称"王船祭"，这种习俗最早可追溯到明初，"送王船"仪式依序有王船的制造、出仓、祭奠、巡境、焚烧等。

送王船是送"代天巡狩"

■岳飞塑像

■ 专人看管王船

玉帝 即玉皇大帝,全称"昊天金阙无上至尊自然妙有弥罗至真玉皇上帝",又称"昊天通明宫玉皇大帝""玄穹高上玉皇大帝"。玉帝除统领天、地、人三界神灵之外,还管理宇宙万物的兴隆衰败、吉凶祸福。

的王爷。关于王爷的传说尚无定论,大多指岳王爷。

每年农历四月十六,台湾及闽浙各地均会举行"贡王"活动,敬奉岳王爷,祈求平安。岳王爷即宋朝民族英雄岳飞,他精忠报国,屡建奇功,遇害后被玉帝封为"代天巡狩"岳府王爷。

岳王爷不但代天稽查人间善恶,还管理海上亡魂,故岳王爷也为民间航海的保护神。因此,岳王爷自古受到广大善信者的敬仰和崇拜。

沿海民众对岳飞的崇拜与信仰起源于800多年前:相传在很久以前,闽南沿海瘟疫流行,海盗猖獗,民不聊生。

那年,某村有一个新娘自娘家返回时,带来了一个岳王爷的香火袋,这个香火袋当天便显灵并托梦给后村的族长,说他是岳王爷神灵,受玉皇大帝敕封"代天巡狩"前来该村镇境,以保佑村民的平安。

地方族长不敢怠慢,立即通过扶乩请示原任王爷,证实岳王爷确已率众兵将进入该村境内,遂请道士按一定的科仪将镇境的重任移交给了岳王爷。

从此,当地民众便将岳王爷作为本村的镇境神灵加以奉祀,岳王爷也就成了沿海人民的保护神了

后来,"王爷"除岳飞之外,又加入了其他人

物，最早的可追溯到明初，最晚也到清代雍正年间。清初台湾渔家为缅怀郑成功的丰功伟绩，以王爷作为代天巡狩的神而奉祀，并造"王船"送之入海，虽不言明而心领神会。因此王爷并非代表"瘟神"，而是代替皇帝巡游四方、赏善罚恶，保佑风调雨顺、国泰民安。

"送王船"又称"烧王船"，是沿海渔港、渔村古已有之的民俗，通过祭海神、悼海上遇难的亡灵，祈求海上靖安和渔发利市。

仪式开始时，人们开始为王船"化妆"：船头正面为狮头图案，并按规矩在两侧插上旗子，谓左青龙、右白虎。船尾正面则绘上大龙，船前后竖有"代天巡狩池府千岁"的红色号旗。

船舷上方共插有60个纸人，分别代表了"天将""水手"等不同的身份，插旗的顺序是丝毫错不得的，有专人拿着秩序册，一一仔细核对。

精心"打扮"过的王船由专人看管，停放在沙坡尾，周围划出一圈空地，以免船身被人碰伤。王船的尺寸、结构近似于真船，船桅、船帆样样不缺，据说这

■ "送王船"出庙

■ 古代造船场景

艘船放入水中也一样能行驶。

依照古礼，"送王船"活动维持5天，斋醮、歌仔戏表演等民俗活动交叉进行。大鼓凉伞、舞龙、歌仔戏等精彩节目陆续上演。

下午3时许，船身下方的固定物被抽走，王船开始凭借"腹部"下的车轮缓缓前进。有近300人组成9支表演队伍同时行进，全长近200米，边走边上演舞龙、舞狮、大鼓凉伞等节目为王船开道。长龙沿着大路，慢慢走向圣妈宫旁的海边。

队伍到达海边时，正值退潮时期。王船化火是活动的高潮之处，主办方为此准备猪头、猪肚、鸡、鸭、鱼"猪头五牲"祭品进行祭拜。数百份祭品都用红袋子包裹着，其中也包括了香客送来的柴、米、油、盐和菜肴等。

随后，祭品被放入海中，慢慢漂向远方。这不仅是为了祭拜仙人，更多是为了告慰曾经葬身大海的人们的亡灵。

随后，点火仪式开始。此时王船停放在沙滩上，船头向着大海。乩童以纸钱引火，随后众人也上前帮忙。不一会儿，火光冲天，王船船身传来"噼噼啪啪"的焚烧声音。

在场的渔民和信众见状纷纷跪地，默默祈求上苍能将平安、好运和吉祥赐予自己。

火借风势，船只渐渐消失在熊熊大火之中，两个时辰后，王船彻底化为灰烬，旁观的信众这才转身慢慢离去。下一次海水涨潮之时，会把船灰一起带走，这象征着祭品全部送给了祭祀对象。

台湾早期以渔业为主的港口，常有王爷信仰的寺庙及祈福祭典。其中最具代表性的有：外埔合兴宫一带的文兴七府王船、富美七府王船、文兴四府王船，云林嘉

■ 古代木船

■古人祭典

义一带的五府千岁、台南一带的五府千岁、屏东一带的温府千岁。

　　而王船祭典中，最著名的是拥有数百年历史的东港东隆宫平安祭典。东隆宫建于清圣祖康熙年间，主祀温府千岁，平安祭典活动每3年一科，是将奉上天旨意代天巡狩的千岁爷接上岸，称为"请王"。

　　平安祭典过程重点在于千岁爷绕境仪式，经过数日的祭典绕境，称为"出巡"。之后，千岁爷必须回天庭缴旨，而"烧王船"则是送走千岁爷的仪式，称为"宴王""送王"，也是整个祭典的高潮。

　　烧王船的平安祭典代表着地方百姓对千岁爷的感激，并祈求神明赐福东港百姓。

118

宝岛台湾

台湾文化特色与形态

阅读链接

　　送王船仪式是大陆同台湾同胞民间文化交流的纽带。人缘关系创造了神缘关系，而神缘关系又密切了人缘关系，对于王爷的崇拜在海外华侨、华人中具有深远的影响，也是海外华侨、华人回乡探亲，寻根谒祖和进香朝拜的"根"之一。

　　它发挥着联系海内外亲人情谊，增进共识，促进民间文化交流的社会功能。这是中华民族向心力和凝聚力的一种表现，同时也是中华民族优良道德品质的表现。

最为普遍的妈祖信仰

　　妈祖信仰是台湾人最普遍信仰的神明。妈祖信仰发源于福建湄洲。历史上，随着大量的闽籍乡亲先后迁居台湾，妈祖信仰也在台湾生根、开花、结果，宫庙2000多座，信众很多，可以说妈祖是台湾人最普遍信仰的神明。

　　在台湾，无论大庄或小庄、山村或渔村、乡镇或市街、港口或内山，都可看到妈祖庙。有些妈祖庙甚至是跨乡镇或区域性的信仰中心。有些地方即使没有妈祖庙，也会有祭祀妈祖的活动。

　　有关妈祖的祭祀活动除了"妈祖生"为妈祖庆

■台湾妈祖阁

贺诞辰之外，进香与迎妈祖的活动是最普遍的。

妈祖生日为农历三月二十三，所有的祭祀活动都环绕在其生日前后举行。一般会选在生日之前举行进香的活动，以便在圣诞之前妈祖可以回到本地，接受本地信徒为她庆贺生日。

生日当天，一般会在妈祖自己的辖境内巡绕，以保佑境内平安。有时自己的妈祖还不够，还要到外地请别的妈祖来当"客神"，因此在巡境之前往往要举行请妈祖或迎妈祖的活动，以便主神和客神一起参与巡境。

特别是原本没有祭祀妈祖的村庄，也常在"妈祖生"时从外地请一尊妈祖来迎热闹并绕境。

所谓的"迎妈祖"，是到外地去迎一尊本地居民普遍信仰或有渊源的妈祖来参与巡境的活动。不管自己村里或是共同举行迎妈祖的区域是否已有一尊"在庄妈"或"在地妈"，都可能会往外地去迎妈祖。通常是往地域层级高一点的地方去迎妈祖。

例如，台中县有一个"东保十八庄"迎妈祖的活动，共有18个村庄参与。这18个村庄并没有共有的庙，但却有一尊共有的妈祖称为"十八庄妈"。

每年农历三月初一开始，人们仍会把附近的旱溪

120

宝岛台湾

台湾文化特色与形态

■妈祖庙内妈祖金身

■ 妈祖塑像

妈祖、南屯妈祖、台中妈祖、彰化妈祖通通请来，参与绕境，队伍当中，"十八庄妈"在前领路，各庄依一定的顺序，逐日在庄内迎神绕境并请客。

"进香"，是到远处的、有名的、历史悠久的、香火旺盛的寺庙去朝香，表示对该神明的敬意。与迎妈祖的差别是，进香并不会把对方的妈祖之神像请回来，只是去分沾她的香火，因此自己的神明要去。

到了进香对象的妈祖庙，神像也要进去，放在神殿上，有时是用"掬火"的方式，有时是用交香的方式，沾取对方的香火。

另一个与迎妈祖的差别是，进香地点不一定与地域层级有关，因此进香的地点远一点也是常见的事。

妈祖进香虽然是去表示敬意，但仪式的作用在沾取或分割对方香火到己方来，希望自己神明的香火也同样旺盛，因此进香回来都要举行绕境的仪式，神明

香火 指供奉神佛或祖先时燃点的香和灯火；来朝拜的很多，香火很盛。古时候香火也指后辈烧香燃火祭祖，故断了香火就指无子嗣。古时有一说，不孝有三，无后为大，即没有后代传承香火是最大的不孝。

绕过家家户户，把香火正旺的神明的香炉里的香枝，与信徒家之香炉的香枝"交换香"，目的即是为了利益自己境内的信徒。

一般人都喜欢参加进香，左邻右舍、呼朋引伴同往更是乐趣无穷，既是神圣之旅，又是社交之旅，一兼三顾，这是台湾人行为模式。

最重要的是，共同举办进香的地域社群借着进香的共同行脚，促进彼此的共同体或社群意识，这是进香最明显的社会意涵。

妈祖的台湾化主要表现在由海神而成雨水之神。台湾的妈祖神像有一些特色，黑面是其一，雍容富贵是其二，与大陆消瘦的粉面妈祖对照鲜明。

妈祖原是海神，生前死后都有护佑海上安全、救助海难的事迹。台湾先民携之渡海来台，保佑平安，在台拓垦以来，迭获庇佑，妈祖已然台湾化，由海神而成雨水之神，"大道公风，妈祖婆雨"的传说更助长迎妈祖常带来雨水的事迹传播。

巡境或迎妈祖时，神轿特别绕过插香之处，该年若遇泛滥之水，必然顺此而流，不侵庄社。总之，无论是止风歇浪、海上救难或是呼风唤雨，均彰显妈祖具有

■ 台湾妈祖塑像

控制水的灵力。

台湾水多流急，遇雨多灾的自然环境自然衍生出妈祖的水利神性格，以适应农业时期台湾社会的需要。而农耕最怕稻虫害，妈祖也有驱虫的灵力。这使得妈祖更具有农业神的性格。

妈祖姓林，林姓视之为祖姑婆，崇奉尤浓。台湾陈、林半天下，妈祖香火不兴也难，况且她亦具有整合人群作用。

■妈祖雕像

例如苗栗中港慈裕宫、台南后壁下茄苳泰安宫整合泉州籍与客家人群。台中万和宫南屯妈整合25字姓，彰化南瑶宫南门妈整合漳州籍与福佬客350个左右的村庄，彰化社头枋桥头天门宫、斗南顺安宫亦整合漳州籍与福佬客人群，北斗奠安宫整合泉州籍与漳州籍住民等。

阅读链接

妈祖的祭典在台湾形成了十三庄、十八庄、二十四庄、三十六庄、五十三庄或七十二庄这样的联庄组织。为了妈祖祭典的需要，各庄要准备各式各样的热闹阵头，以便在迎神赛会时得以代表村庄参与别庄的热闹活动。

妈祖的祭典因此带动各项民俗曲艺与武艺的发展，众多的曲馆与武馆之所以在台湾中部特别盛行，也是因为台湾中部有很多妈祖的大型区域性祭典组织。

宝岛传统大戏南管戏

　　南管戏是清康熙年间由大陆传到台湾，属于闽南语系的"梨园戏"演化而来，包括有"七子戏""高甲戏""白字戏"三种。台湾的"七子戏"源自于福建泉州的童伶"小梨园"和成人"大梨园"。

　　一般狭义的"南管戏"即指"七子戏"。广义的南管指大陆南方

■南音表演蜡像

清代梨园看戏

语系之音乐，然而台湾所称南管戏，则指以南管包括南音、南乐、弦管等所演唱的戏曲。

梨园戏是我国最为古老的剧种之一，起源于福建泉州，主要流行于泉州一带，以及闽南方言区的漳州、厦门一带，后来流传至台湾及闽南华侨聚集的南洋各地。

南管戏是由宋代泉州古乐，融合民间歌舞发展而成，宋代时，闽南剧团戏文沿用唐代遗制，故称之为"梨园戏"。

由于历史较为悠久，师承谨严，口传心授，保留有不少独特质朴的原始剧目，和《宋元旧编》中的南戏孤本，及其完整的音乐、曲牌和别具风格的表演艺术程序。而南管戏曲文36大套中，除佛、道两套外，都和梨园戏剧本相同。

以南管的发展而言，东晋末期，北方中原民族大举南迁，中原文化因而传入福建闽南泉州一带；及至唐末，经王审知兄弟的推行，并吸收唐代大曲部分精华，与当地音乐结合，逐渐形成"南管"乐曲。

因当时福建泉州是对外最早的港口，商船云集，人口增加，文化

高甲戏草台演出戏棚

宝岛台湾

台湾文化特色与形态

■ 高甲戏演出棚

曲牌 传统填词制谱用的曲调调名的统称。俗称"牌子"。古代词曲创作，原是"选词配乐"，后来逐渐将其中动听的曲调筛选保留，依照原词及曲调的格律填制新词，这些被保留的曲调仍多沿用原曲名称。

日趋兴盛，民间娱乐场所应运而兴，于是一般艺人及爱好南音之士，遂竞相创作新词，使南音的内容更加充实。

元朝时，文人加入戏曲创作，南管一方面吸取元曲的内容，一方面模仿其风格从事创作。及至五大传奇：《琵琶记》《荆钗记》《白兔记》《拜月亭》及《杀狗记》产生后，更丰富了南管曲文。此外，当时各地声腔亦为南管所吸收、融合。

至明代中叶以后，流行于江浙一带昆山腔、弋阳腔传入闽南，亦为南音所吸收，而创作亦日渐增多，迄清代，南管已相当成熟。

据说南管音乐曾获康熙帝之青睐，1713年康熙帝六十大寿，吴志、陈宁、傅庭、洪安及李义等人在御苑以五音演唱于帝前。由于音韵清丽，玉润珠圆，丰饶流畅，深得帝意。

台湾南管由闽南传入，最初流行于澎湖地区，其次为嘉义，继而彰化鹿港一带，相继设馆，聘请南管艺师传授唱曲及乐器演奏。

台湾之南管戏，以七子班小梨园最为兴盛。七子班又称七色戏或七脚戏，即由7名童伶扮演生、旦、净、末、丑、贴与外7种角色。

小梨园由16岁以下少年组成，音色较为甜美，原本多为王公贵人私有之家庭戏班。同时，大梨园由成人担任演出，依派别之不同，又有下南、上路之分。

"大梨园"中之"上路"，是指闽南以北传入之戏曲，保存大量宋元南戏剧目，所反映的题材，大多叙述男女之悲欢离合。

此外，音乐唱腔同样是"南音"，但在曲牌处理和"管门"运用，以刚劲、淳朴及哀怨为主，别具风格，流传民间的名曲相当多。

"下南"则为以泉州腔演唱的本地戏班，流传之古剧目，记录本结构松散、脱节，文词粗劣，唱白重复，保留方言本色和浓厚的泥土味，是未经文人润色，来自民间的形态。此外，其唱腔使用"南音"，具有粗豪的声腔特色，但内容比较贫乏。

"大梨园"与"小梨园"演出之剧目，各有"十八棚头"。所谓"棚头"，即是戏码，由于闽南语称戏台为"戏棚"，因此梨园戏舞台所上演的十八出戏，便称为"十八棚头"。

■南音乐器木拍

南管戏的主要特色，一是剧本题材均为文戏，描述的内容以爱情为主，无武打动作；其二为唱腔使用南管，曲词及说白均以泉州方音为主；其三为后场伴奏以泉州弦管音乐为主，幽雅缠绵

■ 南音演奏乐器

台湾文化特色与形态

傀儡 即木偶，魁傀是古代的叫法，也叫窟儡子。用它来表演的戏剧叫木偶戏。木偶戏是由艺人操作木偶表演故事的一种戏曲形式。我国的木偶戏兴起于汉代，至唐代有了新的发展和提高，能用木偶演出歌舞戏。宋代是我国木偶戏发展的一个重要时期，木偶的制作工艺和操纵技艺进一步成熟。清代以后木偶戏进入全盛时期。

为其长。

另外，南管戏表演形式相当特殊，其中的"进三步，退三步，三步到台前"与"举手到目眉，分手到肚脐，指手到鼻尖，拱手到下颚"一般认为系受傀儡戏影响，且与宋元南戏有密切关系。

南管戏所使用的音乐为南管，又称"南曲""南音""南乐""弦管""郎君乐""郎君唱"等，各地名称不一。"南乐"乃就流传地域而言；"弦管"指南管音乐以丝竹箫弦为主要演奏乐器；"郎君乐""郎君唱"指的是南管乐者奉孟府郎君为乐神。

南管乐曲分类有三：

一是"谱"，是纯粹的器乐演奏曲，共16套，每套由4—7个乐章组成，演奏技巧较复杂，每套均有标题以概述乐曲之性质，如"四时景""梅花操""走马"及"百鸟归巢"等。

二是"曲"，又称"散曲"，为供演唱用之单曲，唱词发音亦以闽南泉州土腔为主，少数曲子则以北方话演唱，俗称"南北交"，有近2000首。

三是"指"，有谱有词，可以器乐演奏，亦可歌唱，共存48大套，各套皆由数节组成，唱词除部分为宗教乐曲外，大多出于戏文。

南管乐曲采用传统五音工尺谱，但与昆曲等其他乐种之工尺谱稍异。演奏场面分文场与武场，文场为管弦乐器，武场为打击乐器。

南管戏使用之乐器有拍板、上四管、下四管及扁鼓等。上四管包括洞箫、二弦、三弦与琵琶；下四管包括响盏、四块仔、叫锣与双音。南管戏打击乐器相当多，包括北鼓、花鼓、通鼓、大锣、小锣、铜锣、铜钟、大钹、小钹、钮钟、木鱼、双音、响盏、四块、叫锣与拍板等，视演奏方式择用之。演奏套曲时，偶尔可使用十音的方式演奏，即以上四管、下4管、玉嗳和笛子演奏。

南管演奏时，尚有"足踏金狮"之习俗，据说乃因以往演奏南管时，乐师坐于太师椅，为方便之故，须盘腿弹奏。后来康熙帝御赏，以为盘腿较为不雅，乃将其垫脚金狮取出，供乐师使用，于是从此南管曲馆皆备有4尊金狮，供上四管演奏者踏脚之用。

南管戏主要剧目有《吕蒙正》《陈三五娘》《朱弁》《董永》《韩国华》《郭华》《李三娘》《高文举》《葛熙亮》《苏东坡游赤壁》《昭君和番》《雪梅教子》《陈姑操琴》及《招商店》14出大戏和《士久弄》《番婆弄》两出小戏。

阅读链接

相传南管乐神为五代后蜀孟昶，俗称孟府郎君。

据说孟昶通晓音律，并擅制曲，其相关记载见于《旧五代史》；又据《温叟词话》记载："因昶美丰仪，喜猎、善弹，好属文，尤工声曲。"

台湾的南管社团，每年仍沿袭旧俗，举办春秋二祭，唯为社团间联谊之便，通常邻近地区的曲馆，多将日期排开，祭典以不在同一天举行为原则。

灯影烛光下的台湾皮影戏

台湾皮影戏，属潮州皮影系统，在台湾又称"皮猴戏"，一般传统雕刻的戏偶不大，包括桌、椅、山水、楼阁、厅堂、植物背景等皆用牛皮雕制。因皮影戏是采用平面透光原理，戏中的人、物概以正侧面显影，采绘画上写意手法构图。

台湾皮影戏所用的戏曲音乐称为潮调，因与道士作丧礼时的音乐很相似，一般人称之为"司公调"。台湾皮影戏保存了很多元、明南戏的剧目，剧本有300本左右，是非常有价值的文化资产。相传，台湾皮影戏是随郑成功的军队传到台湾的。据说，郑成功军队中有一位广东潮州兵，名叫"阿万

皮影戏

■ 皮影戏

师"，在军中表演皮影戏，后来，阿万师定居高雄，组班在喜庆活动或迎神赛会上演出，皮影戏逐渐流传开来，成为台湾民众喜闻乐见的戏曲之一。

另一种说法，是说皮影戏是清代从大陆北方经广州，又由许陀、马达、黄索等人由潮州传到台湾南部，在凤山、冈山一带广为流行，北限是北二层溪，南限是下淡水溪。由此可知，清代台湾南部皮影戏已相当兴盛。

当时制作皮影，是先将羊皮、驴皮或其他兽皮的毛、血去净，然后经药物处理，使皮革变薄，呈半透明，涂上桐油，然后把皮革镂刻成所需的人物形象。

皮人的头、四肢、躯干等各自独立，而又用线连成一体，分别以连杠由演员操纵，令其活动。皮人涂有各种颜色，表达人物的善恶美丑。

雕刻时，一般用阳刻，少数也用阴刻，雕工细

南戏 我国百戏之祖，北宋末至元末明初，在南方最早兴起的戏曲剧种。南戏有多种异名，南方称之为戏文，又有温州杂剧、永嘉杂剧、鹘伶声嗽、南曲戏文等名称，明清间亦称为传奇，在我国戏曲艺术发展史上，具有重要意义。

■ 皮影戏

蔡伯喈 蔡邕,
字伯喈,东汉文
学家、书法家。
董卓当政时拜左
中郎将,故后
人也称他"蔡中
郎"。后汉三国
时期著名才女蔡
文姬之父。蔡邕
除通经史、善辞
赋等文学外,书
法精于篆、隶。
尤以隶书造诣最
深,名望最高,
有"蔡邕书骨气
洞达,爽爽有神
力"的评价。

致,刀法多变。绘画染色也有一定讲究,女性发饰及
衣饰多以花、草、云、凤等为图案,男性则多用龙、
虎、水、云等为图案。

一般忠良人物五分面,反面人物为七分面。制成
的皮影高的达55厘米,低的仅有10厘米左右。演员在
半透明的白布后,贴近幕布熟练地操纵皮人活动,并
有说唱、乐队伴之,有声有色地表演剧情故事。

尤其表演民间神话故事、武打故事、古人,可以
腾云驾雾,做出各种高难动作,变幻莫测,这是其他
戏剧难以做到的,因此深受观众喜爱,尤其是孩子百
看不厌。

台湾皮影戏的角色分生、旦、净、末、丑5类。
传统的偶头多是侧面,单眼造型的"五分脸",颜色
只有红、绿、白、黑4色。

后来,有的艺人将影偶改为双目、侧面的"七分
脸",甚至十分脸的正面戏偶,颜色也增加到10种,
使影偶更加秀丽,效果更加逼真。

台湾皮影戏唱腔以潮调为主,剧情多采自历史传

说与民间逸事，皮影戏艺人通常在民众酬神或喜庆时应邀演出。演出场地通常在寺庙前空地或请主住宅前庭；剧团人数一般在4至7人之间，但仅一人主演，一人助演，余者负责乐器伴奏及帮腔。

台湾皮影戏的内容多源自我国的传统历史故事或民间传说，例如《火焰山》《郑三宝下西洋》《哪吒闹海》等。剧目分为文戏与武戏两类。文戏唱腔多，节奏慢，戏偶动作细致；武戏剧情紧凑，场面热闹，相比之下，更讨观众喜欢。

台湾皮影戏团主要有高雄县境五团：大社乡的"东华皮影戏团"与"合兴皮影戏团"，冈山镇的"福德皮影戏团"，以及弥陀乡的"永兴乐皮影戏团"和"复兴阁皮影戏团"。此外，台北的"华洲园"原为一布袋戏班，后成立"华洲园皮影戏团"，曾学艺于大陆。

"东华皮影戏团"原名"三奶坛皮戏团"，早年由张状创立"德兴班"，为台湾知名皮影剧团。

"复兴阁皮影戏团"原名"新兴皮戏团"，张命首随吴天来、吴大头、李看与张着学习皮影戏"上四本"。

后来，许福能拜张命首为师，并与其女张月倩结婚，4年后主掌"复兴阁"。许福能擅前后场，长于文戏《蔡

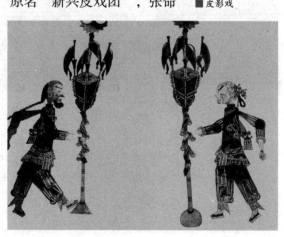

■皮影戏

传说 是口头文学的一种形式，与神话、笑话、史诗、说唱、民谣等并为民间文学样式，并为书面文学提供了素材。传说可以解释为辗转述说，也可说是流传，不能够确定。传说是最早的口头叙事文学之一。由神话演变而来但又具有一定的历史性的故事。

伯喈》与《苏云》等剧。

"合兴皮影戏团"原名"安乐皮影戏团"，创始人为张良，后传至张开，再传张古树。张天宝于13岁随父张古树习艺，擅唱曲与口白；并以看风水及理发为业。张天宝之四叔张井泉长于锣鼓。张天宝致力于皮影戏剧本之搜集与保存，功不可没。该团经常搬演《南游记》与《封神榜》等剧。

"永兴乐皮影戏团"，创始人张利与其团员早年奔走于各乡镇演出，擅文戏，但未使用固定团名。张利之子张晚，擅文戏《蔡伯喈》与《苏云》，武戏《薛仁贵征西》与《薛仁贵征东》。张晚传子张岁，拜蔡龙溪、宋猫、林文宗等人为师，兼擅前后场，以演出《六国志》《五虎平南》及《封神榜》而驰名。

"福德皮影戏团"，创始人林文宗早年随永安艺师习艺，谙前后场，长于武戏与扮仙戏。

阅读链接

我国影戏，包括手影戏、纸影戏及皮影戏3类。它起源于唐、五代，繁荣于宋、元、明、清，成为一种集绘画、雕刻、音乐、歌唱与表演等多项艺术之传统戏曲。影戏渊源，有几种说法：

一是始于楚汉相争时，张良于城楼用以迷惑敌人之设影。

二是始于西汉文帝刘恒之时，据称当时宫妃以桐叶剪裁人形，映于纱窗上表演，供太子游戏赏玩，后来形成皮影戏。

三是2000多年前，汉武帝爱妃李夫人染疾故去，武帝思念心切神情恍惚，终日不理朝政。大臣李少翁一日出门，路遇孩童手拿布娃娃玩耍，影子倒映于地栩栩如生。李少翁心中一动，用棉帛裁成李夫人影像，涂上色彩，并在手脚处装上木杆。入夜围方帷，张灯烛，恭请皇帝端坐帐中观看。武帝看罢龙颜大悦，就此爱不释手。这个故事，被认为是皮影戏最早的渊源。

突显侠义精神的"宋江阵"

　　台湾地区多为移民，其居民主体源于闽南，其民俗文化自然带有闽南文化的重要特征。台湾"宋江阵"就是闽南居民移居台湾时带去的民俗活动，较多地集中在台南和高雄地区。

■"宋江阵"锣鼓旗号集合

　　作为民俗活动的重要组成部分，"宋江阵"是闽台民间信仰中庙会表演的重要内容，有自己的仪式过程和象征符号。"宋江阵"又属于武术阵头，里面有大量的拳术、器械和阵法表演的内容。

　　传说"宋江阵"是清代的少林五祖拳师蔡玉明所创。闽南人认为死去的祖先和现实生活中的人一样，喜欢热闹，所以在祭祀时，总少不了包括"宋江阵"在内的阵头来"闹热"。

　　将宗教仪式、英雄崇拜、武艺训练和阵形演示之法等结合在一起而形成的"宋江阵"在明清时期的台湾开始流行，正反映了当时的台湾移民，面对各种需要合力才能解决的各种复杂苦难局面，不得不选择建立契约宗族社会的实际情况。

　　水浒英雄出身社会中低阶层，被逼无奈上山为寇，在一起战斗过程中形成了深厚的兄弟友谊，结成了类似契约宗族的关系，这引起台湾移民的情感共鸣。

　　从明清时期台湾移民的身份构成来看，有农民、有渔民、有士兵与海盗、有逃犯等，他们在家乡耳濡目染的梁山故事不仅让他们推崇"替天行道"的英雄，也崇拜宋江的"兄弟义气"，这种文化心理和当时垦殖台湾的生存环境共同促使"宋江阵"这种文化展演在台湾流行。

在台湾地区，"宋江阵"多出现在神灵诞辰庙会中，在宗教祭祀活动中进行表演。各地"宋江阵"虽然具体名称不同，但有相对固定的仪式。

"宋江阵"以武术表演为主，人数可多可少，一般有36人、72人、108人3种。主要扮演宋江、卢俊义、公孙胜、李逵、孙二娘、武松、阮小二等。

宋江阵以锣鼓点开场，以正副龙虎纛旗为前导，首先按三十六天罡、七十二地煞的座位顺序亮相进行表演。手中器械，即刀、枪、剑、镰、钩、盾牌等十八般兵器。

仪式首先是以排成圆圈拜祖师爷开始的，其后的演练有3个阶段，开始活动包括集合列队，演练活动包括准备和演练、结束活动包括集合解散。

开始活动时以锣鼓旗号集合，演练人员呐喊三声，称为开彩，然后由"宋江阵"中持双斧的"李逵"进行开斧以请神驱邪。

开场的是"宋江舞大旗"，锣鼓响处，大旗卷地而起，浑天挥舞，大有"横扫千军如卷席"之势。旗展处，是"李逵使双斧"，接着"徐宁"使开钩镰枪，

辉煌绽放

宝岛风韵

公孙胜 《水浒传》中梁山好汉之一，生得一双杏眼，络腮胡须，身长八尺，相貌堂堂，自幼在乡中好习枪棒，学成武艺多般，大家都呼他为公孙胜大郎。后来师从罗真人，学得一身道术，善呼风唤雨，驾雾腾云，江湖上都称他为"入云龙"。

■台湾高山族女装

宝岛台湾

台湾文化特色与形态

■ 台湾高山族生活用品

鹤 寓意延年益寿。在古代是一鸟之下，万鸟之上，仅次于凤凰，明清一品官吏的官服编织的图案就是"仙鹤"。同时鹤因为仙风道骨，为羽族之长，自古就被称为是"一品鸟"，寓意第一。鹤代表长寿、富贵，据传说它享有几千年的寿命。鹤独立，翘首远望，姿态优美，色彩不艳不娇，高雅大方。

"刘唐"抡着朴刀，"解珍""解宝"飞舞托天叉……梁山泊众好汉纷纷上阵，十八般兵器各显神通，场面威武壮观。

接下来，大家组成单行或双行的队伍，或跳跃以越过水坑或高地，或变换各种阵形，在旗和锣鼓的指挥下绕行打圈，清理出演出场地。

准备阶段完成后，进入演练阶段。以蜈蚣阵开始，最少34人，加上指挥的"李逵"和"宋江"共36人，成双行出，进行打圈，8藤牌列前，其余人或捉对厮杀或二人对打，其间杂以呐喊。

行进到宽阔场地，成集体表演；有时还用布条拉起一座"城门"，以示攻城略地。锣鼓声中，先操练各种阵法，如"黄蜂阵""美蝶阵""八卦阵"等。

接着，打圈排白鹤阵演练器械对打、打圈成九连环对打、打圈成八卦阵对打，如此等经过6个阵形，演练阶段结束。

"连环八卦阵"是"宋江阵"高潮，32人演练。

表演者4人一甲，一个挟刀持盾，三个手握棍棒，刀盾对棍棒，先三打一对练，然后刀盾对棍和棍对棍，再跳过门进行队列变换，最后集体循环对练。动作迅猛多变而齐齐整整，一招一式，无不踏着鼓点。

阵法后的武术表演先单人，后多人，最后集体大绕阵。最后收场的一般是"关胜舞大刀"，青龙偃月刀大开大合，豪放潇洒，划破青天。

由于农村经费限制，无法添置太多角色服装和器械，器械也部分以农家劳动工具代之，如锄头、扁担、铁耙、木棍、竹竿等。

然后，由执旗和执斧者领两纵队行至庙前拜神，所有"宋江阵"演练人员双手举起器械连喊三声"吼、吼、吼"，表演结束。

整个过程可以总结为前进队形、拜庙及接礼、发彩、打圈、开四城门、龙卷水、巡中城、开斧、

青龙偃月刀 偃月刀的其中一种。在传说中，天下第一铁匠只选月圆之夜打造青龙偃月刀。快完工时，骤然之间风起云涌，从空中滴下1780滴鲜血。当地术士分析，那是青龙的血，所以，有了"青龙偃月刀"之名。

■台湾佛都

开旗、兵器表演、拳术表演、拆圈、蜈蚣阵、黄蜂结巢、打对、五花阵、连环打、八卦阵等18个环节。

台湾庙宇香火鼎盛，"宋江阵"大都流传于嘉南平原以南的农村，并以台南、高雄两县市最多，早期属于农闲时期农村子弟学习武艺的活动，日占时代，因高压统治，取而代之成为宗教活动酬神娱人的武术表演性阵头。

"宋江阵"通常附着于寺庙，成为神佛驾前的艺阵，最具有盛名的首推高雄内门乡"宋江阵"，内门乡内有"内门紫竹寺"及"南海紫竹寺"，推动民俗"宋江阵"古老文化的传承不遗余力，有140余年历史。

艰难垦荒的闽粤移民将故土神灵带到了台湾，在神诞活动中，有各种身体娱乐表演。

由于人们相信替天行道的梁山好汉代表了正气，同时他们相信死后的英雄可以变成厉鬼，震慑幽灵，所以"宋江阵"也被认为有驱邪的功能。这样，庙会上的"宋江阵"表演本身成为了一种仪式。

阅读链接

关于台湾"宋江阵"的由来说法不一，多数认为台湾的"宋江阵"始于明郑时代，郑成功的部属陈永华为了方便治理台湾，提出了"寓政于教"的政策，结合民间信仰与地方武力而成的阵头。

"宋江阵"传入内门乡后，原是保乡卫民团练，后来结合庙会活动，随着时代变迁成为地方特有的文化活动，将敬仰梁山好汉那种大无畏、忠义情操及以团结之心对抗恶势力精神，活灵活现地展现在传统艺阵之中，使得传说中的真英雄，留存在人民心中。

客家风味的三脚采茶戏

客家民系是汉民族中艺能文化极其丰富的民系，产生于赣南地区的客家采茶戏，便是其中独具客家风格的艺术形式。

自明末清初以来的3次大陆移民尤其是客家移民迁台，使产生和发展于闽粤赣地区的采茶戏随之传播到台湾，并在台湾众多戏曲剧种的影响下继续发展衍变而成三脚采茶戏。

在台湾，采茶戏包含有小戏形式的采茶戏，大戏形式的改良戏，而改良大戏又称为三脚采茶戏。

赣南采茶戏于乾隆年间传入嘉

三角采茶戏剧照

■ 三脚采茶戏剧照

庙会 又称"庙市"或"节场"。是指在寺庙附近聚会，进行祭神、娱乐和购物等活动。庙会是我国民间广为流传的一种传统民俗活动，是一个国家或民族中被广大民众所创造、享用和传承的生活文化。

应一带；后来，广东采茶戏又随广东移民渡海来台，广东嘉应住民大多迁入桃、竹、苗一带。因此，嘉应所使用的"四县腔"，便成为三脚采茶戏歌唱语言。

三脚采茶戏的形成，是由采茶歌结合当地茶农所唱之山歌而形成"采茶灯"，即兴演出具有采茶情节的内容，逐渐加入角色与唱腔，并增添情节，从而形成三脚采茶戏。

采茶灯装扮为茶衣腰裙与袄子裤子，道具是一扇与一茶灯，主要唱调是由《春谷雨》《摘茶》《茶童调》《看茶调》《报茶名》《双牵手》及《众姐妹》等组成。初期扮演的故事即是摘茶、看茶中的逗趣、十二月采茶及考问茶名等对歌。

光绪年间有《安平县杂记》记载：

酬神唱傀儡班，台庆，喜庆，普渡唱官
音班、四平班、神路班、掌中班、采茶唱、
艺妲等戏……

其中提到的采茶戏以"采茶唱"为称谓，可见采
茶戏此时已经在台湾的客家族群中得到传播。

早期三脚采茶戏的组织均为男性，后来才有女性
的加入。三脚采茶戏的演出，仅需丑、旦3名角色，
即二旦一丑，丑、旦均为滑稽、泼辣之诙谐人物。后
场需两名操弦乐师及一名负责打击乐器之伴奏乐师。

三脚采茶戏的演出原为"落地扫"，多在庙前广
场或空地上，临时以绳或布围出表演范围，就地演
出；后来因神诞庙会，登上野台戏舞台。

此外，也有私人聘请演出者，通常于庭院广场搭
布篷，舞台中央后方置一方桌，并摆一两张圆凳，桌
上并置茶杯与茶盘，舞台右方及左方分别为文场与武

落地扫 流传于
漳浦、龙海、华
安、漳州等地，
开始只有两三个
演员。主要是
生、旦角色，道
具服装也很简
朴，动作只在原
地四方位移走，
而且只在广场或
街头巷尾表演，
并适应游行踩街
需要，变就地演
唱为串街走巷流
动表演，因此称
为"落地扫"。

■ 布袋戏偶

■ 高山族舞蹈

高甲戏 发源于
福建泉州，又名
"戈甲戏""九角
戏""大班""土
班"，是闽南诸
剧种中流播区域
最广、观众面最
多的一个地方戏
曲剧种，源于明
末清初闽南农村
流行的一种装扮
梁山英雄、表演
武打技术的化装
游行。

场乐师的座位。

　　三脚采茶戏在台湾逐渐流行，于清末达到鼎盛。由于三脚采茶戏具有浓厚的娱乐性质，为客家民众普遍的休闲娱乐，虽不具浓厚宗教功能，但在客家族群神诞或做醮时，三脚采茶戏已经以阵头的形式出现。

　　当时，台湾的戏曲已经极为盛行，包括四平戏、乱弹戏、高甲戏、歌仔戏、潮剧、京剧、艺姐戏、车鼓戏、傀儡戏、布袋戏、皮影戏和采茶戏等，采茶戏上演以客家民谣为基础的一旦一丑或二旦一丑的相互酬唱。

　　由于受到众多剧种的影响以及自身发展的需要，三脚采茶戏逐渐在唱腔、剧情、伴奏等方面产生了变化，如在唱腔上以"九腔十八调"为主，有时还加上了补缸、撑船渡、春干调、五更调、绣荷包等小调。

　　同时，在伴奏乐器上以大广弦为主，受到南管、北管、歌仔戏等影响，加入了小钹、大小锣、二胡、通鼓、拍板、箫、扬琴等乐器，在表演形式上也加入了台上演员与台下观众以小礼物和酬币相赠的互动。

后来，乱弹戏、四平戏、外江戏在台湾蓬勃发展，客家采茶戏在传统三脚采茶戏的基础上吸收了其他剧种的服饰、布景、角色、剧目、表演场所、身段、剧情等因素，渐渐产生了被称为改良戏或客家歌仔戏的大戏形式。

在台湾的三脚采茶戏，以《张三郎卖茶》的故事作为前提，清朝时期最早的艺人是何亚文，只要有3个人就可以演出采茶戏。

这3个人包括打锣鼓、拉弦的，所以叫"三脚"，不是三角，有时不一定要3个人，就是两个人也可以表演，但最多时不超过3个人。

三脚采茶戏之服装，丑角着素色布衣，头戴瓜皮

京剧 又称"京戏"，是我国影响最大的戏曲剧种，分布地区以北京为中心，遍及全国，影响甚广，有"国剧"之称。京剧走遍世界各地，成为介绍、传播我国传统文化的重要手段之一。

辉煌绽放

宝岛风韵

■三脚采茶戏剧照

帽，颈上以细带子扎蝴蝶结，腰间围一白布裙，裤脚一边卷起，形成一高一低，脚着布鞋，手拿扇子，脸上贴八字胡，有时也挂眼镜框。

旦角着农妇衣服，头戴笠帽或头巾，或仅戴头花，脚穿绣花鞋，手执一巾。

就其曲调而言，以平板"采茶腔"为主要唱腔，山歌及其他小调为辅，每出戏均有类似主题曲的固定曲调，传统的三脚采茶戏使用不同声腔，唱各种不同的小调，因此有"九腔十八调"之说。

从三脚采茶戏的歌词形式观之，以四句七言之形式为主，也可于第四句之后再加一句而形成五言，或采七字以上，而实际演唱时则常运用许多虚字。

三脚采茶戏的中心点由张三郎卖茶开始，从上山采茶开始一直到茶郎盘茶结束，起初的方式有彩头，有内容，为了要讨到钱，有时会端茶给客人喝，搭起戏棚后就不方便了，这就产生了另外一种形式，叫抛采茶。

三脚采茶戏的主要剧目，是由张三郎及其妻、妹为主轴的10出戏：《上山采茶》《送郎出门》《送郎十里亭》《桌酒》《送茶郎回家》《卖茶郎回家》《赌盘》《十送金钗》《问卜》及《桃花过渡》等。

阅读链接

台湾的采茶戏在中华传统艺术极为集中的岛屿区域内吸收了众多源于大陆的戏曲元素的影响，博采众长，多源合流，曲折衍变，逐渐发展为当代在道具、表演、演唱、舞台等方面融百家之长又依然独具客家风格的台湾客家民间戏剧形式。

但是，究其根源，包括采茶戏在内的台湾的民族音乐文化，是在大陆中华文化的基础上构建和发展起来的。

富有风情的高山族歌舞

台湾高山族是我国大陆南方古代百越人的后裔，也是一个能歌善舞的民族。在数千年来与大陆汉族移民共同开发建设宝岛台湾的历史长河当中，逐渐形成了富有自己浓郁民族风情的歌舞。

每逢耕种、收获、喜庆节日等，他们都要举行歌舞盛会。高山族

■台湾高山族歌舞

的舞蹈淳朴自然，宛如高山原野中的鲜花，姿韵动人，天真烂漫。

歌舞几乎充满着高山族人的全部生活，他们为鼓励生产劳作而歌舞，为庆祝丰收而歌舞，在传统的祭祀节日中更是离不开歌舞。高山族人以歌舞抒发感情，以歌舞赞美劳动，赞美生活。

高山族民歌中，反映生产劳动和斗争的有耕作、狩猎、捕鱼和祭祀、会饮、祝年等歌；反映恋爱和婚姻的有恋歌、抒情示爱歌、婚礼、思妇、念夫等歌；一般生活民歌包括怀乡歌、悲歌、禁忌歌、迎宾、送宾、怀念、思家等歌。

高山族音乐有民歌与器乐两大类。民歌比器乐丰富，可分劳动歌、生活歌、仪式歌和叙事歌4类：

劳动歌是在农耕、狩猎、捕鱼及其他劳动中唱的，以农业劳动歌最多；生活歌分抒情歌、朗诵歌、讽刺歌、舞歌、酒歌、儿歌和催眠歌等；仪式歌分礼

会饮 古代社会普遍流行的一种习俗，即人们在宴会上通过歌颂诸神和饮酒举行庆祝，大家通常在竞技或者节日之后聚在一起，一边观赏娱乐，一边吃饭喝酒、一边聊些轻松愉快的话题，描写"会饮"也逐渐成为一种受人欢迎的文艺题材。

■ 高山族舞蹈

■ 高山族舞蹈

俗歌、祭典歌和巫咒歌等；叙事歌是以叙述历史来缅怀祖先和颂扬部落头人等为内容的传说故事歌。

高山族内根据位置相邻、社会发展水平相近和音乐上的某些共同点，可以划分为5个音乐文化区。各个音乐文化区包括较原始的到相当复杂的民歌。它们的音阶、旋律、多声部结构、和声以至风格等有很大的差异。

高山族的乐器，主要有口簧、弓琴、竖笛、鼻笛、乐杵、竹筒、铃、裂缝鼓和龟甲等。

高山族民歌颇多采用自由节拍，规整节拍中以偶数拍子，特别是四拍最常见。高山族民歌的歌词在形式上有明显的特点，如儿歌的歌词多采用连环句法；排湾民歌常用比喻和含蓄手法，赛夏矮灵祭祭歌的词句非常整齐。

古代的台湾高山族舞蹈，往往都是以熊熊篝火为中心，群集饮酒，酒酣则歌舞并作，众多舞蹈者携手

乐杵 高山族落击体鸣乐器，流行于台湾各地。由一种舂米工具木杵发展而成。早在1700多年前，木杵就与木鼓一起被高山族先民用于集会号召。高山族人舂捣稻谷时，发现长短、粗细的木杵，能奏出节奏明快、曲调和谐的乐声，便将它称为"乐杵"，用它伴奏的歌曲为"杵歌"。

■高山族舞蹈

围成圆圈，边舞边唱，显示族群团结的力量，展现人们快乐的心情，舞蹈动作通常都是有节奏地踩脚、跳跃、摇身、摆手等。

　　高山族舞蹈也是他们劳动生活的生动写照。台湾高山族是一个善于狩猎和捕鱼的民族，再现自己狩猎和捕鱼生产活动的舞蹈动作，就成了高山族舞蹈的重要内容。

　　如高山族舞蹈中有先退一步，然后双脚向前跳去的动作，这些动作便是在模仿战斗中或狩猎时的进攻姿态；另外，双脚并拢半蹲，向前后左右跳动，同时双手下垂摆动或平举手腕的动作，也是在模仿各种围猎动物的姿态。

　　居住在海滨或岛屿上的高山族，舞蹈中则往往表现捕鱼的情景。如兰屿岛上雅美人的舞蹈中就有模拟划船的动作。这些表演狩猎和打渔劳动过程的歌舞，再现了台湾高山族独特的民族生活。

　　高山族舞蹈也有表现大自然的内容，如群舞时，双脚有节奏地缓慢向一旁移动，双手垂放在身体前方有节奏地轻轻摆动，仿佛一条大河滚滚流动着，形象而真切。

　　明末清初，随着大陆汉族移民的到来，汉族的银饰、铜铃等装饰物又极大地丰富了高山族的舞蹈。早期高山族的民间舞蹈，手臂动作比较简单，有了银饰、手铃之后，舞蹈动作上便着意增多了手臂的动作，或摆动或甩动。

如阿美人在跳舞时，腰与手足都挂铃铛，铿然作响，契合节拍，乐趣无穷。阿美人认为跳铃铛舞，可以逢凶化吉，带来好运和希望。

高山族舞蹈的动作比较简单，节奏特别鲜明，具有明显的原始舞蹈风格。高山族人将内心的喜悦全部倾注在歌舞之中，内在节奏体现于外部形体动作上，形成一种颤动的舞蹈律动特征，结实有力，具有一种天真烂漫、热情奔放的动人美感。

甩发舞是高山族雅美人原始舞蹈的遗存形式，雅美人生活在名为兰屿的海岛上，暖湿的海洋气候和充足的阳光，令雅美少女们体质健美，都有一头乌黑的秀发，并喜欢赤足走路。甩发舞是高山族雅美人的女子舞蹈，具有浓郁的海洋色彩。据说"有祝愿父母长

银饰 作为一种文化现象，在历史上曾被许多民族青睐，成为多元文化交流的载体之一。在这一载体中，融合有来自南方少数民族的"耳铛"，起源于北方少数民族的"跳脱"，以及从古代饰物中沿袭而来的"步摇""五兵佩"和我国传统的龙、凤、麟等纹样。在众多的银饰中，以苗族的最有特色。

辉煌绽放

宝岛风韵

■高山族舞蹈

■高山族舞蹈

辈们健康长寿之意"。

"发舞"可以和"杵舞"相媲美，同样显示出她们是海洋文化的主宰者形象。

过去，由于民俗禁忌，雅美人妇女白天不跳舞，她们"认为白天舞蹈被男人看到是一种耻辱"，所以多在月夜海滩上跳舞。明亮的月夜，她们来到宁静的海边，聚集在铺满卵石的海滩上跳"甩发舞"。

此舞需要很好的体力才能表演自如。雅美少女体质强健，都有一头乌黑秀美的长发，在美妙别致的表演中，更显青春活力。

阅读链接

每当渔船归来的傍晚，迎着金色的落日，蓄有长发的健壮雅美妇女便集合在碧波翻滚的大海边，站成横排挽臂歌唱。

她们先散开长发，轻摇身体歌唱，然后相互紧挽双臂，小臂屈于胸前，俯身将头发甩到前面，随着由缓慢而逐渐加快的歌声晃动着身躯，边歌边进，直至发梢触及地面。

在金碧辉煌的彩霞衬托下，前后摆动不止的长发，犹如阵阵滚动的波涛。这正是雅美妇女用自己优美的形体和舞姿，来象征海洋波涛的壮丽和迎接远航捕鱼归来亲人所特有的方式。